圖書資訊學
導　論

周寧森　著

周寧森　主編

圖書資訊學叢書

三民書局 印行

國立中央圖書館出版品預行編目資料

圖書資訊學導論／周寧森著，--初版
--臺北市：三民，民80
　　　面；　　公分，--（圖書資訊
學叢書）
參考書目：面
含索引
ISBN 957-14-1760-2（平裝）

1.圖書館學
020　　　　　　　　　　　79001556

© 圖 書 資 訊 導 論

主編　周寧森
著者　周寧森
發行人　劉振強
出版者　三民書局股份有限公司
印刷所　三民書局股份有限公司
　　　　地址／臺北市重慶南路一段六十一號
　　　　郵撥／○○○九九九八一五號
初版　中華民國八十年二月
編號　S 02005
基本定價　肆元捌角玖分
行政院新聞局登記證局版臺業字第○二○○號

ISBN 957-14-1760-2（平裝）

謹以本書獻與我妻　彭小玉，

謝謝她多年來耐性地期盼、不斷地鼓勵。

編 著 的 話

　　當我在草擬這叢書的書名時，一位在唸圖書資訊學的同學曾建議我用「圖書資訊科學」做書名，她的意思很明顯：(1) 她認為「圖書資訊學」是一種「科學」；(2) 用了「科學」兩個字，便可以在一般社會人士心目中提高這門學問的身價，因而便可使更多人願意學習這門學問，而獻身圖書資訊事業。這位同學的看法，不但反映了一般社會人士對「圖書資訊學」的看法，也多多少少說出了她自己和很多圖書資訊從業人員的心態。這個普及的心態來源有自，背景很是複雜。簡單的說，一方面是因為近百年來自然科學在社會進化過程中的衝擊性；另一方面，是因為從事圖書資訊事業的人們對這門學問的認識有偏差，我很能瞭解並同情這個建議。考慮再三，我仍然用「圖書資訊學」做書名，我覺得，「學」字本身便已經有了「系統化研求」的涵義，而且在一般社會人士的心目中，既然已將「科學」二字當作「自然科學」的專用詞，又何必在已經複雜已極的現代名詞中，為大家更增添不必要的混淆？巴特勒先生 (Pierce Butler) 說得好：「不管如何，一個詞的意義決定在社會的採納與否，而不在邏輯性地下定義。」❶再說回頭，要改變一般社會人士對這門學問的看法，不是硬用「科學」一詞便可以達到的，一切還得看這門學問是不是值得人們冠以「科學」這個詞，還得看我們從事這項事業的人是否值得人們重視。

---

❶　Butler, Pierce, *An Introduction to Library Science*, Chicago: University of Chicago Press, 1933, p. 2.

我感謝這位同學的建議，但也不想爲不採納這個建議而致歉。

知識的成長是社會進步的原動力，而圖書資訊卻是知識成長必備的要素。知識是人們日積月累的經驗和研究的成果，這些知識的結晶便儲藏在圖書資訊中。圖書資訊學是研究：

①、目前及以往圖書資訊的型態；

②、蒐集它們的方法；

③、整理它們的過程和方法；以及

④、傳播它們到需求者的方式、過程和途徑。

根據上述四項研究成果來改進一切圖書資訊的作業程序，並推測、試擬未來圖書資訊作業的方向與方法，所以，我們也可以說圖書資訊學是社會進步、文化發揚的基石。

參照國內需求，這套叢書先出十本作第一輯：

①、圖書資訊學導論　　　　　　　　周寧森著

②、圖書館藏之規劃與發展　　　　　張鼎鍾著

③、圖書資訊組織原理　　　　　　　何光國著

④、圖書資訊之儲存及檢索　　　　　張庭國著

⑤、圖書館之管理及組織　　　　　　李華偉著

⑥、圖書館際合作與資訊網之建設　　林孟眞著

⑦、美國國會圖書館主題編目　　　　陳麥麟屏、林國強合著

⑧、圖書館與當代資訊科技　　　　　景懿頻著

⑨、圖書資訊學專業教育　　　　　　沈寶環著

⑩、法律圖書館　　　　　　　　　　夏道泰著

本叢書的作者都是當代圖書資訊學的菁英，內容均能推陳出新，深入淺出，特地在此向他們致最高的敬意和最深的謝意，若有疏漏之處，都是編者一人的責任。

最後，我要向三民書局劉振強先生致敬，像這樣專業性的學術叢書是注定了要蝕本的，劉先生為了國家民族的遠景，毅然斥資去做這項明知無利可圖但影響深遠的事，實在不由人不佩服。

主編
周寧森
1989於新澤西州

蔣　序

　　知識爲人類智慧之結晶，舉凡歷史文明，莫不由知識積累融合而成。鑒諸既往，知識之研究發明固然可觀，而知識之保存傳播亦厥功至偉。蓋知識若傳承不易，則人類進步必然緩慢。古無文字，先民結繩記事，知識發展顯有困難；及至文字發明以後，知識可以著錄而成爲圖書，此後知識之保存與傳播，甚至研究發展，均以圖書爲媒介，而成就則遠過從前。迨至晚近，知識之增加急遽，而社會之需求又日亟，圖書似已難以圓滿達成知識保存傳播之任務，幸逢電子計算機之發明，並能參與知識儲存、整理與傳播之工作，使知識能成爲有用之資訊，尤方便傳播於社會大眾，圖書資訊之學，對未來知識之發展，必將有所貢獻，而其能將資訊廣爲傳達於社會，更加難能可貴；至圖書資訊學之學術研究，自爲當務之急。

　　周寧森博士，畢業於臺灣大學外文系，後負笈美國，鑽研圖書館學及資訊科學，獲博士學位，爲在美華人圖書館員中之佼佼者，現任美國新澤西州羅格斯大學東亞圖書館館長，其除在美事業卓然有成外，對國內圖書館及資訊科學之發展亦頗關心，每有假期，即返國講學，先後在臺灣大學及中央大學等校擔任客座教授，薪傳學術，熱心感人。年來更於課餘之暇，以中文撰成《圖書資訊學導論》一書，交由三民書局在國內發行。書中首先對圖書資訊、文化、社會加以說明；次則簡介圖書、圖書館與圖書資訊學；再次爲圖書館在中國；復次爲圖書館之現代化與電子計算機；最後爲圖書資訊學未來之展望。

全書縱論圖書資訊學之發展，古今中外，理論實務，巨細諸端，靡不
具載，深入淺出，言簡意賅，足見著者學養深厚，功力過人。今該書
卽將付梓，索序於予，予年逾九旬，已較少參與圖書館界活動，但對
圖書館事業之關心則未嘗稍減，今欣見本書之出版，故樂爲之序。

　　　　　　　　　　　　　　浙江海寧蔣復璁序於臺北外雙溪

　　　　　　　　　　　　　　　　　　　　　七十九年八月

王　序

圖書資訊學導論序

　　圖書館學的研究，大致有兩種不同的方向。其一是從圖書館的經營管理作爲出發點，研究其發展與運作的有關理論和技術方法，探討其組成要素，活動的規律，以及圖書館事業與社會的關係。另一方向是從圖書館所收藏和利用的圖書資料作爲出發點，研究人類思想言行的記錄之產生、鑒別、蒐集、組織、交流及利用等問題，其中當然也涉及到管理機構的組織與管理。如美國圖書館協會1983在年出版的《圖書館與資訊科學辭典》中闡釋:「圖書館學是一種知識和技能，據以研究如何選擇、搜集、組織和利用記錄的資訊 (recorded information)，以應利用者的需求」。其中所指的「記錄的資訊」，也就是泛指一切圖書資料而言。這一定義並沒有談到圖書館的管理，但是實際上已觸及到圖書館的內涵，而其適用範圍也較廣泛。民國六十三年，我曾在中國圖書館學會出版的《圖書館學》一書的前言中說明圖書館學的效用，指出這門學科的知識，對國家社會而言，它是統御國家文化資源，推展社會教育的一項手段;對圖書管理機構而言，它是一項圖書資料處理的應用技術;對個人而言，它是一項治學的門徑與研究的方法。這一看法也就是從美國圖書館學會的定義加以闡發而來的。

　　近年來，臺灣圖書館界對於圖書館事業的研究與推展頗多貢獻，所出版的專著甚多，不過從一般研究內容分析，大多從圖書館的經營管理出發，對於圖書館事業的發展，圖書館業務的規劃，以及技術過程等提出了新的觀念和做法，這對於圖書館服務的提昇和技術處理工

作的改進確有幫助。但是另一方面，從圖書資料的研究出發，探討其
發展與社會文化的關係和價值者則較欠缺，這也是在圖書館學教學和
研究上感到不足的。

　　《圖書資訊學導論》是周寧森博士的新著，列爲周博士主編的圖
書資訊學叢書中的第一部書。這部書的內容分爲五章，從圖書資訊的
源流發展，論及圖書館和圖書資訊學的產生；從圖書館的發展，討論
到圖書館事業的現代化，以及圖書資訊學的未來展望。由於著者學養
深厚，對圖書資訊學具有研究及實務經驗，討論的範圍可說是古今中
外，縱橫交錯。自橫剖面而言，文中涉及文獻管理、圖書館學、資訊
科學，以及有關概念與論題；自縱深度而言，從中外圖書館的根源，
談到當代圖書館的發展。所述內容見解獨到，分析透澈，可說是在圖
書館學論著中具有啟發性的一部專著，尤以著者宏觀古今中外圖書資
訊發展，說明其與文化、社會的關係，剖析圖書資訊學的原理，不僅
有助於增強該一學科的理論基礎，並使研究工作者瞭解到圖書館學的
精髓。

　　「圖書資訊學」一詞，就字面上解釋，指有關圖書與資訊之研
究。著者在書中說明：「研究如何蒐集、整理、保管圖書及傳播其中
所載的資訊的方法，便是圖書資訊學」。其中包括了文獻處理學、資
訊學，以及一切有關的概念。這一解釋與美國圖書館學會對圖書館學
的定義若相符合。著者的本意在闡釋圖書資訊在蒐集、整理之外，尚
應積極的加以傳播，並誘導輔助讀者善加利用，以促進知識的成長，
社會文化的進步。這裏所謂的「資訊」，據著者解釋就是指人類的思
維，這思維經過腦內的組織過程，成爲該人的思想成果，而以語言或
文字表達出來的思想成果，在靜態時便成爲資料，資料如經過傳播而
被他人接受，便成爲有用的資訊。因此，資訊是無所不在，無地不在

的。

　　以上是著者對於資訊及圖書資訊學的看法和體認，由此也可以矯正一般人士對於資訊，以及連帶產生的圖書資訊學的不正確的觀念。

　　茲值周博士專著即將出版，謹贅數語，表示對著者的敬意與賀意。

王振鵠

民79年10月

自　序

　　自與三民書局二年半前簽約後，　以爲一年半載之內定然可以交卷，　而且還想趕在所有著者之前完成。沒想到「眼高手低，心雄力拙」，麥麟屏教授、林國強博士二位合著的書先拔了頭籌；接著，何光國兄的大作也趕在了我的前面。如今，勉力完工，距原來的預期已晚了一年半有餘，但總算沒有「坐紅椅子」；不然，這個「主編」也眞見不得人了。

　　最初的計畫，想自圖書館學史談起，以便追溯這門學問發展的輪廓；然後，再論及圖書資訊學中一些主要的分支，如：館藏規劃、資訊組織、資訊檢索、資料處理自動化等，但一來限於時間及個人的知識；二來，也未免與此叢書中其它各書過分重複。最後決定只寫五章：

第一章　簡述這門學問的重要性；

第二章　爲這門學問試下定義；　更從史的觀點來試推這門學問發展過程的前因後果。（本章主要參考資料是 Elmer D. Johnson 的 *History of Libraries in the Western World*, 3rd. ed.）；

第三章　討論圖書館在中國近代史中的發展情況，並將國立中央圖書館與國立北京圖書館，作個簡略的比較；

第四章　嘗試規範「現代化」、「自動化」的意義，並將電子計算機發展的過程，略作介紹，而以「資訊網」先決條

件之形成，作爲小結。（本章主要參考資料是 René Moreau 的 *The Computer Comes of Age*）；

第五章　闡述「資訊網」之必要性，建立資訊網時可能遭遇到的一些困難，以及建立資訊網時應該注意的一些事項。最後，更論及中文資料處理的困難，兼及「語音識別」在中文資料處理時所可能扮演的角色，以作結論。

希望讀者在讀了本書之後，對這門學問有一個輪廓性的正確的認識。

筆者在 1989/1990這個學年度裏，自原服務單位新澤西州立羅格斯大學 (Rutgers University) 休假，並在中壢國立中央大學管理學院的資訊管理系執教。這一年中，教學之餘，靜觀臺灣圖書館事業的百態，以及社會的各種現象，感觸良多。這些感觸，很多都不能輕易納入本書正文之內，但它們多多少少，卻和臺灣圖書館事業有些關係。思之再三，將它們收在〈序〉內，一來可爲讀者作參考；二來可免我自己作考據、求證、引注之煩；三來更可以略舒胸中魂磊。但這些只是觀察的結果，未經系統地研究。讀者可以將之當作正經的參考，亦可以當作茶餘飯後的談話資料。果眞如此，也不枉筆者一番饒舌之忱。

第一個感觸：資訊、資訊、甚麼是資訊？

如今，我們常在報章雜誌和各種新聞媒體上，看到，或聽到，「資訊這個」，「資訊那個」，以及「資訊時代已經來臨了！」的各種呼喊。大家不知不覺地也跟著興奮起來。到底爲何興奮？「資訊時代」又到底是怎麼一回事？仔細想一想，卻不禁惶惑。前些日子，在新聞媒體上，又見到不少有關高雄「資訊月」的報導。仔細研究一下，原來談的都是「電子計算機」廠商們製作的一些軟件、硬體的展示。

筆者每日去上課，須經過一座建築，門楣上大書「財團法人資訊工業策進會，國立中央大學合辦資訊人材推廣教育訓練中心。」查詢之下，訓練的內容，也都是教人們如何應用「電子計算機」來處理一些日常事務的技巧。心中不免恍然一個大悟：原來，所謂之「資訊」便是「電子計算機作業」的別稱！

其實，「資訊」一詞，在英文裏應該是 "information"，也便是「信息」、「消息」，甚至「情報」（大陸、日本均用此名）的別稱。深切地想一下，資訊也好，情報也罷，只不過是人們的「思維」，這「思維」經過了腦內的「組織過程」，便是其人的「思想成果」，也就是其人的「知識」(Knowledge)。以語言或文字表達出來的「思想成果」，在靜態時，便是「資料」(Data)。在適當時機，這「思想成果」到達了某些適當的人的手中，這些人便可以用來作為判斷某些事物的張本。這時，這「思想的成果」，對這些「適當的人」而言，便是有用的「資訊」。那麼，從古到今，任何一個時代，都可以被稱為「資訊時代」。因為，不論何時，上古或現代，目前或未來，人們都需要「資訊」來做一切決策、判斷的根本，來做一切行動的依據。為了使「資訊」在人們中間流通無阻，人們便想出了一些方法來保存，來傳遞「資訊」。上古人結繩記事，是為了突破「時」「空」的限制，也是為了幫助記憶，更是為了保存及傳遞「資訊」。固然，彼時的「資訊」較諸現代的「資訊」是少得多，更簡單的多。但是，那時的社會和人們對「資訊」的需求，要比我們如今的社會及人們的需求，要少得多，要簡單的多！所以，那時保存及傳遞「資訊」的工具——「繩」和「結」，便比現今一些保存及傳遞「資訊」的工具，諸如：電子計算機及一切軟件硬體設施，要「簡陋」得多。但究諸實際功用，繩和結對上古人，和電子計算機及一切軟件硬體設置對現代

人，有什麼分別呢？上古人利用「資訊」，正如我們如今利用「資訊」一般，也和未來的人們利用「資訊」沒有兩樣。「資訊時代」究竟是那一個「時代」呢?!

現在臺灣很多大學裏的「電子計算機系」(Computer Science Department)都打著「資訊學系」(Information Science Department)的招牌，為的是名稱比較響亮、時髦，容易吸收較多、較優秀的學生。如果，這些當事的「學者」們不知道這二者之間的區別，則不免有「寡聞」「欠思」之譏；如果，他們明明知道這區別，而仍然執意如此，則不免有「愚民」之嫌！

「鹿」永遠不會是「馬」。即使有千萬個「趙高」指著它大叫「馬」，它仍然是「鹿」，不會變成「馬」！但「正名」的事，必得先要這些「指鹿為馬」的人不再「指鹿為馬」！

第二個感觸: 大學圖書館與社會百態

大學是高等學府，是訓練國家棟樑，培育社會菁英的地方。大學的圖書館，是大學的心臟，是大學的靈魂。大學教育的成敗，影響著國家的前途，社會的進步；而大學圖書館的成敗，卻直接影響著大學教育的成敗。而這個重大地影響著國家社會前途的機構，在臺灣很顯然是被忽視了；至少沒有賦予應得的重視。舉例而言: 在報章雜誌以及各種新聞媒體上，我們便很少見到或聽到有關這方面的報導。固然，一方面，是因為，這個機構本身便是沉默的，便是幕後的，便是無聲的；（但是，即使是沉默、幕後，加上無聲，並不能減少它半分的重要性！）二方面，大多數從事這項工作的人們，不是因為被動地缺乏自信心，便是天生的不愛說話、表現、及「爭利」；（很顯然，如果這些人喜歡說話、表現、和爭權奪利，他們「多半」不會永久從

事圖書館工作！）三方面，主導教育政策的行政人員，對這項工作的重要性缺乏「真正的」認識；（儘管他們在「偶爾」談及這項事業時，也都會說「它」是如何如何的重要，但付諸實施時，卻完全不是那麼一回事！）四方面，中國社會制度的僵化，以及中國人「抱殘守缺」的天性，使得主事者有了「多一事不如少一事」的心態；（其實，他們中有些人也很想改革，但是所遇挫折一多，便不免心灰意懶！）五方面，中國社會目前正在轉態之中，在工業化和民主化的過程中，燃眉之急的事，不勝其數。行政人員也好，民意代表也好，都爲這些「表面上的果」，目迷五色，被動地跟了走，便忘了造成這些「果」的「因」，乃是沒有燃眉之急的「教育」。（行政人員，爲了求立竿見影之效，很難去替有「百年深遠」圖書館事業著想；而民意代表，爲了選票，也不得不先去爲「燃眉之急」的事去做「治標」的工作！）

　　第一、二方面，是圖書館本質和其從業人員本身的問題，所謂的「無聲的輪子，便得不到潤滑油」。也許圖書館界同仁，和關心它的朋友們，早就該「多發聲」了。第三、四、五方面，是筆者根據實在現象的推測，有犯「倒果爲因」的錯誤的可能。但是「事實」終究是「事實」，也總是我們看得見的「果」，也總有它的「因」。筆者也許「主觀地」誇大了圖書館事業的重要性。這且不論，先讓我們來看看臺灣目前社會上的一些現象，且讓讀者自己去做結論。

第一例：

　　常搭公共汽車的人，都有過類似的經驗：公車司機時有忽視在站邊等車人招呼停車的事；車停時，也常常超出該停之處；停了，便大聲催人趕快上車；不管車上是如何擁擠，司機先生時有口含菸捲，猛加油、急刹車、左盤、右旋，駕「公車」如駕「跑車」一般，真有「手

揮五絃，目送飛鴻」之氣概。我國固有的「禮貌」到何處去了？造成
這種情況的基本原因又何在？

第二例：

注意時事的人在這一年內，一定都注意到國民大會及立法院內外
所發生的一切事件。不管是院、會內的「肢體語言」也好，院、會外
的「暴力行為」也罷，它們固然都是為爭取「民主」、「自由」的抗
爭手段，但也不免暴露了我國人們對「民主」「自由」認識的粗淺。
筆者不願否認，在「非常」的時候，應行「非常」的手段；但「非常
時候」的定義是甚麼，大家應該有個共識。筆者能了解，也同情，某
些立法委員前幾年在立法院內的激烈行動。但不能同意過去這一年內
在院、會內外的一切暴力和毀壞的行為；因為，時代已不同，抗爭的
手段也應該有所改變，以免落個「東施效顰」之譏。民意代表大多數
受過「高等教育」，應該具有因事、因時而分析事物的能力，這應該
有的能力怎麼變質了？

第三例：

臺灣的交通混亂，不居世界之冠，也定在前三名之內。在高速公
路上，我們常見不守規矩的「換道」，在「路肩」超車、互不相讓的
情況。在市內，我們常見到處隨便停車（雙行、甚至三行），單行道
逆向行駛、雙行道開入逆向道中，住宅區內亂按喇叭，「車」決不讓
「人」之事。這種爭先、爭時，只顧自己便利，不管公共利益的事，
可能是工業社會的副產品，但是，與世上各工業先進國家比，為什麼
臺灣的情況特別惡劣？

這一類的例子是不勝枚舉。要追究造成這些情況的原因，「教育」
便難辭其咎。而圖書館是教育事業中不可或缺的一環。教育當然分
「學校教育」及「家庭教育」。家庭教育的主導是「家長」，而家長也
是學校教育的「產品」。學校教育分初等、中等、及高等三種教育。

臺灣大多數人都受過初等以上的教育，（受過高等教育的人亦不在少數，民意代表和多數私家車擁有者，都應受過高等教育。）為什麼前述三種現象會那麼普遍呢？我們不得不懷疑，我們的教育制度裏必定有某種缺陷。而筆者深信，其中缺陷之一必是圖書館事業之落伍！茲就公立大學圖書館來看，館長（沒有副館長之設）及各部主任多是教授兼任。他們在教學研究之餘（教學及研究的成果是他們升等的主要條件），能有多少精力及心思來規劃圖書館事業的發展？更不論他們對圖書館事業的專門業務有多少知識！再者，目前圖書館的購書經費多由各系、所在支配。如此，怎能談到有計畫地去規劃館藏？當然，這兩個問題都和圖書館專業教育有關；目前，臺灣只有一所圖書館學研究所，（不稱圖書「資訊」學研究所，因為計算機系的教授們反對！）而該研究所的博士班學生，目前只有一人。根本沒有訓練在大學圖書館內作館藏規劃，以及作領導決策的人材。更糟的是，公立圖書館專業人員必得具有高、普考及格的資格，而高、普考出題的人，又都是各大學圖書館學系的老師們。因而，許多圖書館學系的畢業生，不屑再去考高、普考，而考取的，也不一定便是優秀的專業人材。

　　前述這些因素，便造成了目前臺灣圖書館界的「惡性循環」，也可能間接地造成了臺灣目前社會中一些不良的情況。

　　拉雜寫來，這個序是太長了。本來還想再談談國立圖書館「定位」之事（它應與故宮博物院同級），只怕讀者嫌我過分嘮叨，就此打住。但是還得謝謝蔣復璁老伯❶及王振鵠教授，在百忙中抽空為我

---

❶　今年四月裏與內子同去拜見蔣慰堂老伯，老人家對我勉勵有加，並一口答應為我書寫序。七月初，將書稿送去時，老伯不在家，只留條問疾。九月九日，我返回美國，九月底在報上得知老人家去世消息。哀痛之餘，只道我書已「蔣序」之望。昨接三民黃國鐘先生來信，並附蔣王二序。意外的驚喜，更使我對蔣老伯的愛護之情感動悲傷不已！老伯生前，每逢宴會，只要我在場，定然召我與之同坐。如今，人天永隔，思之愴然！

周寧森
1990.10.23.于美國

寫序，實爲本書增光不少。最後，謝謝中央大學中文系的林梅芳小姐，她爲我細心校讀全文。

周寧森

1990年7月于中央大學

目　錄

圖 表 目 錄

一、圖書、資訊、文化、社會

　　「人」是「高級動物」，也是天性最複雜的動物。人與人之間的關係可好可壞；今天是「朋友」，明天便可能是「路人」，甚至「敵人」。爲友爲敵之間因素繁多。這些因素中，有很多都是「人智」尚不能完全瞭解，或「人力」仍不能控制的。可是，其中有兩個很重要的因素，人們能瞭解，也許有能力控制：一個是「利」與「害」，另一個是「相知」和「誤解」。「利」或「害」是因人、因時、因地、因事而異。一般說來，兩個敵人之間，利害「衝突」多，而「相同」少；而兩個朋友之間，利害「相同」多，而「衝突」少。是「友」是「敵」常常繫在人們一念之間。兩個人，如果相知深，成爲朋友的可能性便會增高，至少變成敵人的可能性會減低。因爲，絕大多數的人都不是生來便是極「善」，或是極「惡」。相知一深，便可能相互「體諒」；一旦能互相體諒，便有可能「和平共處」；便也可能使人們成爲利害相共的朋友。人與人之間如此，家與家之間如此，族與族之間如此，國與國之間更可能如此；因爲「國」應該是比「人」更理性的。如果國與國之間能因爲相知而和平共處；那「相知」便也可能是促成世界和平的一個因素。

　　但是，要「相知」必須先溝通、交流。溝通、交流的方式很多，大多依賴語言文字作媒介。「資訊以各種不同的型態、深度及寬度存在，〔除各種不同實質的儲載體以外，人們的記憶和思維也應是資訊

的一種型態，〕經由各種不同的方式及工具，資訊得以交流，傳播並儲存。」❶當然，在文字發明以前，資訊只能儲存在人們的腦裏，也只能以語言面對面地作爲傳達交流的工具。在文字發明以後，人們或「書之竹帛」或「鏤於金石」或以龜甲，或以獸骨來記錄事物，來與鬼神交談，來與他人溝通交流。這些紀錄便是圖書的原始型態；資訊的傳播便首次突破了「時」「空」的限制。在紙和印刷術發明以後，圖書製作大爲方便。圖書便成爲資訊交流、傳播及儲載的最普遍，最有效的工具。直到目前，這個儲載資訊的工具仍然爲人們喜愛而沿用不衰。圖書及其中所含的資訊便成爲人們溝通交流最主要的媒介。隨著現代科技的進展，儲載資訊的工具不斷改良，不斷增多；「圖書」一詞已遠超出它字面的定義範疇，已然被公認包括所有的資訊儲載體（譬如：各種文字記錄、錄音體、錄影體、微縮體，以及電子計算機資料庫等等。）所以，「圖書」一詞不應再被侷限於它字面的意義。

此後，在本書中除非特殊聲明，「圖書」一詞便泛指所有的資訊儲載體。圖書若能加以適當的蒐集、整理和保管，並有效的傳播，資訊便能發揮它原賦的功能，便能增進人與人之間，國與國之間的「相知」，有了基本的相知，便有可能互相「體諒」，進而「和平共處」。研究如何蒐集、整理、保管圖書，及傳播其中所載的資訊的方法，便是圖書資訊學。

當然，圖書資訊的功能，並不限於作「相知」的媒介；它更是「知識成長」必備的一環。我們都知道，「知識」是人類改善生活最主要的因素。在現今和未來的社會中，圖書資訊不僅可以促進人際、國際

---

❶ Chou, Nelson. "Information, Computers, and the Chinese Language." *Proceedings of the International Workshop on Chinese Library Automation.* 1981, pp. B99-102.（〔 〕中文字原文所無，係後補。）

關係，更是人類進步的必需條件。愛默耳‧強森(Elmer D. Johnson)
曾經提出一個有趣且具啟發性的問題：「人類文化進步是圖書館儲存
知識的成績？抑或，圖書館是人類文化進步的副產品？」❷這個問題
是沒有確定的答案的。正如：「先有鷄，還是先有蛋？」一樣地沒有
確定的答案，而且沒有認眞追究一個確切答案的必要。強森先生提出
這個問題的目的，只是要我們好好地想一想「人類文化進步」和「圖
書館」之間的關係。孰「先」孰「後」，或誰是「因」，何是「果」，
是不重要的。重要的是二者之間是否有密切的關係。

　　從歷史來看：據記載，公元前六世紀中葉，雅典 (Athens) 已
有公共圖書館的存在。而希臘文化全盛時代大約是公元前五至四世紀
時。著名的亞歷山大圖書館 (Alexandria Library)。成立於公元前
三世紀初年，它是希臘文化的產品？還是羅馬文明的溫床？在歐洲
大陸黑暗時期，寺廟圖書館曾替人類文化保存了多少遺產？谷騰堡
(Guttenberg) 的活字印刷術無疑地增加了圖書的產量，它和歐洲的
文藝復興有些什麼關連？在英國，國家圖書館在十八世紀中葉成立，
它和十七、十八世紀的知識革命，以及十七到十九世紀的工業革命有
多少關係？日本的明治維新和圖書館之建設，以及後來圖書館學在
日本之萌芽，是不是有互爲因果的關係？蘇聯的革命和列寧 (Lenin,
Vladimir Il'ich) 的妻子是圖書館從業人員一事有沒有任何關係？現
今中國大陸文化進展遲滯，當然和文化大革命有極密切的關係。儘管
毛澤東曾經做過圖書館員，但大陸圖書館事業之落後是不爭的事實。
這圖書館事業落後的情況難道和它文化進展之遲滯沒有一點關連？對
照下，臺灣今日之進步，而它的圖書館事業也比較發達，這其間有沒

❷　Johnson, Elmer D. *History of Libraries in the Western World.*
2nd ed. Metuchen, N. J.: The Scarecrow Press, 1970. p. 487.

有一定的相互關係?

環顧當今世界各國,進步的國家都有較發達的圖書館事業。而在這些先進的國家裏,圖書館和文化進展的關係早已被肯定而不爭。但不幸的是,卽使在這些先進國家裏,一般社會人士心目中,圖書館和其從業人員仍然沒有達到他們應得的重視和地位;所以圖書館也不能得到它應得的支持。這其中因素很多,也多半都是圖書館從業人員所無力控制的。作爲一個圖書館員所能做得到的便是「敬業、自重」;我們知道我們所從事的事業的重要性,便應盡心盡力地去做好它,人們的重視和支持便會隨之而來,而無須強求。強森先生說得好:「圖書館是教育的翼助,是資訊的工具,是娛樂的伙伴,是企業的福音,也是科學的膀臂……如果沒有圖書館,我們的文化不可能進展到今日的地步。」❸ 這幾句話是值得我們深思、共勉的。

---

❸ 同前註❷, pp. 496–497.

二、圖書、圖書館、圖書資訊學

簡　介

從字義上來看，「圖」是圖畫、圖表、圖案等；「書」則是指一切文字的紀錄。文字紀錄不應爲它們載體的形式（如：冊）所限制。「圖書」一詞，正如前文所述，應是泛指一切文字、圖、表儲載體，也就是一切資訊儲載體。

在中國，「圖書館」一詞是清光緒三十一年（1905）才開始使用的。當然，以中國歷史之悠久，在此之前，雖無此名，必有其實。像周王室文庫；漢之東觀；隋之觀文殿；唐之弘文館；宋之崇文院、昭文館、集賢館、龍圖閣、太淸樓、玉宸殿；元之文而院、藝林庫；明之文淵閣；淸之七閣等❶都是政府設置的圖書館。私人藏書，歷代不計其數❷。但是，「過往經驗的紀錄，如果不爲〔眾〕人〔經常〕參閱，不論保管得如何之好，對〔當時〕社會的進步是不起作用的。」❸中國古代的圖書收藏大多是爲了少數特權階級人士使用參閱的；和

---

❶　王振鵠，《圖書館學・圖書館與圖書館學》，中國圖書館學會編。臺北：臺灣學生書局，1974，頁42。

❷　參見李希泌、張書華著。《中國古代藏書與近代圖書館史料》，1982，頁21-84。

❸　同前註❷，頁489。（〔　〕內文字係本書著者增添。）

現今我們所瞭解的「圖書館」一詞的涵義相差甚遠。王振鵠先生對「圖書館」的定義是: 「將人類思想言行的各項紀錄，加以蒐集、組織、保存，以便利用的機構。」❹ 這個定義下得極為精達，但它只包括了圖書館的「靜態」的作用。如果將這定義的後半段的改成「加以蒐集、組織、保存，並善加傳播，以誘導便利讀者，儘量利用的機構」便更能表達圖書館的「動態」的功能。

「圖書館學」這個名詞的歷史並不很悠久，但這門學問卻源遠流長。自從有文字紀錄以來，便有了蒐集、整理和保藏這些紀錄的需要。由蒐集、整理和保藏這些文字紀錄的經驗裏，日積月累，這門學問便逐漸地成了形。

古代的圖書館及圖書資訊之管理

在西方，據傳說，公元四千年前的古埃及和巴比倫帝國便有了圖書館的設置。根據記載，中國在周朝時已有王室文庫。這些古代的「圖書館」的主要任務是保存一切官方文件❺❻。但保存的目的是為了日後的查閱；而為了日後查閱的方便，事先便必須加以有系統的整理、保存。這整理、保存文件的方法是圖書館學的一部份，也便是這門學問的起源。

根據考古發掘的發現，我們知道古代巴比倫 (**Babylon**) 和亞述

---

❹ 同前註❶，頁43。
❺ 錢存訓著，周寧森譯。《中國古代書史》，香港: 香港中文大學出版社，1975，頁7–12。
❻ Johnson, Elmer and Michael H. Harris. *History of Libraries in the Western World.* 3rd ed. Metuchen, N.J.: The Scarecrow Press, 1976. pp. 17–39.

(Assyria) 帝國圖書館的收藏多數都是泥簡。（也許紙草、獸皮及木牘多已腐朽不存。）而古埃及（Egypt）圖書館的收藏則泥簡、紙草、獸皮俱有。自現存紀錄來看，公元前七世紀時，著名的亞述帝國的亞述耳巴尼波（Ashurbanipal）王室圖書館便已有專人管理，更有下列粗略的分類法：

　　　　歷史（包括：政府、外交、職官、王室等）

　　　　地理（包括：山、川、市、鎮、列國及各地出產品）

　　　　法律（包括：契約、合同等）

　　　　稅賦文獻

　　　　神話與傳說（宗教）（包括：洪水紀錄、列神名單、頌讚等）

　　　　禮、祭文、魔法

　　　　雜學（包括：天文、天象、生物、數學、醫學、自然歷史等）

這些不同種類的泥簡文獻上皆有不同的「書」號。它們置於瓶中，有次序地放在架上，儲藏在不同的房間裏。各室門邊的牆上並有「書目」，列舉此室各種藏「書」及「書號」。這可能便是最古的「書架目錄」。各室入口處，更有泥簡「書」目，列舉該室藏「書」；並列書名。冊（簡）數、行數、首句、主要細目，以及「架」號。這些泥簡書目已具現代「主題目錄」的雛形❼。但在這些目錄上，除泥簡「書」外，不見他種載體的文獻。

　　埃及尼羅河畔盛產紙草。古代埃及文獻載體以紙草為主，當是就地取材的結果。紙草也好，獸皮也好，它們整理、安排及保存的方法當然和處理泥簡的方法不同。雖然書室牆上也列舉了該室所藏書卷，但如何安排這些書「卷」的方法已然散佚。很顯然，當時必定也有一套系統的方法，因為「圖書館員」──通常都是有學問的政府高級人

---

❼　同前註❻，頁20-21。

員——必須在極短時間內將讀者所需書卷找出來❽。

在非洲的埃及，中亞的巴比倫和亞述帝國，以及東亞的中國，古代文獻的載體種類都不是單一的。（中國有簡、牘、縑、帛、金、石、甲、骨；巴比倫、亞述和埃及有泥簡、紙草及獸皮。）因時日久遠，人禍頻頻，古代整理文獻的詳細方法已不可考。特別是埃及和中亞的二大帝國，公元前便已亡國，文獻散佚埋沒，直到現代，方為考古學家斷續發現一些。因此，古代整理文獻的方法埋沒了二千餘年，不為人知。如果這些古代的圖書資訊學不曾中斷，人類文化的進步是何等情況，很難令人想像，可能遠遠超過今日的成就。

在著名的亞歷山大圖書館成立以前，公元前三世紀以前的希臘圖書館，多半是私人創設的。例如，公元前四世紀時，雅典的拉瑞塞絲 (Larensis) 可能擁有當時最大的私人藏書。他的藏書是分類安排的。哲學家亞里士多德（Aristotle, 384-321 B. C.），除了是著名的教育家之外，他的藏書也是當時最出名的。雖然我們不清楚亞里士多德圖書館的藏書數量，但我們知道它的藏書種類是很繁多的。在古代希臘圖書館遺址的牆上，也曾發現有捐贈人及捐款數量和贈書數量的列表。很顯然，在當時希臘的圖書館已在主動募捐，而且對社會公眾開放，並允許讀者抄錄圖書❾。當時，人民教育普及，讀者興趣廣泛。這些圖書館既然對公眾開放，自然便反映了當時讀者的需求；很多文學及哲學的作品便成了這些圖書館的主要收藏，而開了「供」需應「求」的先例。

亞歷山大圖書館不僅是「藏書樓」，更是作研究、編纂、實驗、及學習的場所。詩人卡里馬祖士（Callimachus of Cyrene）曾編輯

---

❽　同前註❻，頁35。
❾　同前註❻，頁45。

亞歷山大圖書館的藏書目錄 *Pinakes* （簡牘）；　將藏書分爲八類：
對話錄（oratory）、歷史、法律、哲學、醫學、詩歌、悲劇及雜著。
這個目錄不僅列舉書名，並有著者生平及其著作書目。除了這個「目
錄」之外，　卡里馬祖士亦曾參預其他的編目工作，　無怪西人譽他爲
「目錄學之父」❿。

　　羅馬（Rome）的圖書館承襲希臘的傳統，　一切組織典藏多仿照
希臘，並蒐藏了不少希臘文的書籍。所以，大多數的羅馬圖書館都將
希臘文書籍與拉丁文書籍分開保存。它們的藏書也曾分類，同一著者
所寫同一主題的書是集在一起的。它們有「排架目錄」，　也有「著
者目錄」。早期的羅馬圖書館員大多是受過高等教育的奴隸或戰俘。
公元後，　在皇帝的御下，　圖書館內分工逐漸細密：　有圖書行政長官
（procurator bibliothecarum），總領館務；各分館有專業館長，其下
館員分三種；① librarius 負責編目，抄寫及翻譯；② vilicus 負責典
藏及其他非專業職務；③ antiquarius 是「學者館員」、是史學家，
也是古文書學家（paleographer）。但是，　羅馬圖書館的書籍一般是
不外借的。現今出土的古羅馬圖書館的牆上刻有以下的文字：

　　　　我們信誓，圖書不可出借。〔但〕它〔圖書館〕將自第一時至
　　　　第六時開放。⓫

　　古代西方的圖書館正如它的文化一般，　經歷了許多天災人禍；　特
別是北方蠻族的入侵，多半毀於戰火。歐洲大陸淪於「黑暗時期」，古
文化全靠寺廟圖書館保存了一線生機。直到千餘年後的「文藝復興」，

　⓾　　同前註❻，頁48–49。
　⓫　　同前註❻，頁58–72。（〔　〕內文字係本書著者增添。）

西方圖書館事業的發展方才重見曙光。

中國早期的圖書資訊整理

公元前一世紀，造紙術在中國發明以後，文獻體制逐漸定型。以載體之異同來分類保存文獻也逐漸失去它的必要性。加之，文獻之製作，因紙之輕、便，數量大增。簡陋的分類已不能滿足實際的需要，因而，更精細的分類法便應運而生。漢成帝時，劉向廣集當時官、私藏書，加以勘校刪增，謄繕定本之後，並為各書撰寫敍錄一篇，彙集這些敍錄成冊，賦名《別錄》，便是現代圖書整理工作中「書評摘要」的先河。劉向死後，他的小兒子劉歆將這些定本書籍移到天祿閣，分類排列，並編《七略》，是為我國第一部分類目錄。成書時，大約是漢哀帝初年。《七略》將當時學術分為六大類，三十八小類，加上總綱「輯略」，是為《七略》。是為中國「全國書目」之創始。班固的《漢書·藝文志》，便是將《七略》刪定而成❶❷。

大約二個半世紀之後，三國魏明帝時，鄭默於公元 235年將秘閣藏書編制四部（經、子、史、集）目錄，是為《中經》。《中經》是以四部分類法編目的源起❸。後經西晉荀勗於公元 279年，將汲郡秦墓中新發現的書籍分類增列，是為《新簿》。公元四世紀中葉，東晉李充重編秘閣藏書目錄，並更換四部次序為經、史、子、集❹。四部分類法至此大致定型，一直為大多數人沿用至清朝末年。

❶ Tsien, T.H. "A History of Bibliographic Classification in China". *Library Quarterly*. v. 22, no. 4, Oct. 1952. pp. 309-310.

❷ 昌彼得著，《圖書館學·中國目錄學源流》，同前註❶，頁144-145。

❸ 《晉書·鄭默傳》，卷44；參見註❶，頁311-312。

❹ 同前註❶，頁312。

東晉以後，官方藏書多以四部分類。

　　然四部法但着重按書的體裁分類而漠視書的本質，依據書目無
　　從考索學術源流，故私家編目並不悉遵……⑯

　　劉宋有王儉的《七志》；梁有阮孝緒的《七錄》；隋有許善心的
《七林》；均是《七略》的衍變。宋有鄭樵的《羣書彙集》，或作《通
志藝文略》，將圖書分爲十二大類，百餘小類，之下更有若干細目⑰。
明有焦竑的《國史經籍志》，改鄭樵十二分類法爲四部，另加「御
製書類」是爲五部⑱。現今中國大陸自製的分類法將馬、恩、列、
史、毛等共產主義著作列一大類，置於各類之前，是否曾受焦竑的影
響，尚有待考。
　　明萬曆末年，祁承㸁編《澹生堂書目》，將叢書類增列子目，分
入經部。在中國目錄學史上，他是第一個將叢書獨列的人。他更發明
了「因」、「益」、「通」、「互」的編目法⑲；其中「通」、「互」
二法可能是世界上最早的「互見法」（Cross reference），也可能爲現
代索引法奠下了最初的概念。
　　清初，陳夢雷編《古今圖書集成》，費時四年，於康熙四十五年
（1706）完工⑳。雍正三年（1725）校訂出版，將中國古今學術劃分爲
六編，三十二典，六千一百零九部。茲列其六彙編及三十二典如次：

---

⑯　　同前註⑬，頁146。
⑰　　細數《通志藝文略》類目，共有十二大類，一〇五小類，四四九細目。
⑱　　同前註⑫，頁315，參見註⑬，頁160–161。
⑲　　同前註⑬，頁161–163。
⑳　　蕭孟能著，文星版，《古今圖書集成·序》，臺北：文星書店，1964，
　　　頁4–5。

　　曆象彙編：乾象典、歲功典、歷法典、庶徵典

　　方輿彙編：坤輿典、職方典、山川典、邊裔典

　　明倫彙編：皇極典、宮闈典、官常典、家範典、交誼典、氏族
　　　　　　　典、人事典、閨媛典

　　博物彙編：藝術典、神異典、禽蟲典、草木典

　　理學彙編：經籍典、學行典、文學典、字學典

　　經濟彙編：選舉典、銓衡典、食貨典、禮儀典、樂律典、戎政
　　　　　　　典、祥刑典、考工典

其六千一百零九部中，每部以文涵內容體裁序列：①彙考、②總論、
③列傳、④藝文、⑤選句、⑥紀事、⑦雜錄、⑧外編❷。本書的分類
法顯然是以天、地、人三才為一切知識的總綱。主題之外，輔以文章
體裁，以辨先後順序，是為新創❷。錢存訓先生認為：「佛蘭西斯‧
培根（Francis Bacon, 1561-1626）將人類知識歸納為歷史、詩歌和
哲理三分法，是現在西方各種分類法的基石；除了經部以外，其他和
中國的類目〔四部〕性質完全相同。培根又在哲理之下，再分為神
道、自然和人文三項，這和中國將知識分為天、地、人的思想極為相
似。這些觀點雖然可能是偶合，但由於培根對於中國文化的景仰，他
可能受到中國分類思想或方法的影響。」❷

---

❷　《欽定古今圖書集成‧凡例》，同前註⓴；參見註⓬，頁315。（著者按：
　　〈凡例〉中有圖、表、二項置於〈列傳〉之前。經細查內容，圖、表、
　　是跟著文字內容在一起，並不曾分列。）

❷　同前註⓬，頁315-316。

❷　同前註❺，頁4-5。（〔　〕中文字係本書著者增添。）
　　（著者按：研究比較東方和西方圖書資訊學的發展過程、關係及異同，
　　是很有趣而尚未為人完整討論過的問題，值得史學家的探索。）

現代圖書資訊學之萌芽

十九世紀以前，無論西方或是東方，都已有系統的整理和保管圖書的方法，　但對檢索圖書以及傳播其中資訊的方法和研究，　卻付闕如。以現今圖書資訊學的角度來看，整理和保管圖書固是圖書資訊學的一部份，但如果沒有研究如何去蒐集圖書，以及如何便利讀者使用這些圖書和檢索其中資訊的方法，這門學問是不完整的[24]。

現代圖書資訊學的研究範圍，　不單包括如何整理、　保管圖書資訊，也應兼及此前的「蒐集圖書資訊」的根據、條件和程序，以及其後的如何傳播圖書資訊和誘導讀者充分利用圖書資訊。如果這個觀念是正確的，「現代圖書資訊學」便源自西方[25]。

中國圖書館學界前輩戴志騫先生在他專論圖書館員教育一書中曾說：「〔在西方〕，十九世紀上半葉，圖書館之建設如雨後春筍，使用人數及藏書量也大為增加。『書蟲』式的圖書館員，再也不能有效地應付這個局面。在此之前，一個典型的圖書館員應博覽羣籍，被人

---

[24]　「完整」或是「不完整」是相對的，是比較性的。我們現在看「圖書資訊學」，是以我們目前的知識為基礎，以現今的社會型態及人們需求為張本的。圖書資訊學正如其他學問一般，是一個有「生命」的有機體；它隨應著社會文化的演變及公眾的需求增加而成長。我們今天可以說「以往」的某種學識領域「不完整」，但我們的後代子孫，在不同的知識基礎上，不同的社會型態中，以及不同的公眾需求下，也可能會認為我們現今的學術領域是「不完整」的。這裏所謂之「不完整」，當然是以目前的知識、社會型態、以及公眾的需求為基石。本書所有的討論，當然也都不能超越現有知識的範疇。不過，我們都應該知道我們現在所知的圖書資訊學也是「不完整」的；而對未來的圖書資訊學領域應作理性的推測。這對未來的推測，也應該是這門學問的一部分。

[25]　如果這個說法尚有商榷的餘地，　它便應該是今後史學家另一個研究課題。

認爲是活目錄。十九世紀中葉以後，……在圖書館專業的進化中，編製和應用書目，以及引進補助人記憶的方法，便自然而然地成了發展圖書館技術的重點。」㉖ 於是，圖書資訊事業邁入了一個新的領域，「現代」圖書資訊學乃逐漸成形。1820年，德國「最偉大的圖書館員」艾伯特(F. A. Ebert)，在他的名著《圖書館員的教育》(*Bildung des Bibliothekars*) 第二版中制訂了圖書館員的標準㉗。九年後 (1829)，斯威丁格 (Martin W. Schrettinger) 在慕尼黑出版了他的 《圖書館學教科書芻論》 (*Versuch eines Vollstandigen Lehrbuchs der Bibliothekwissenschaft*)。他在書裏說: 「一個只受過〔大學〕基礎教育的人，無論他學問多麼好，卽使他已是一個偉大的學者，如果沒有專科的訓練和實習，他是不能做圖書館員的。」㉘ 斯威丁格先生可能是發覺圖書資訊學是一門專門的學問而付諸文字的第一人。可惜他的呼籲並未引起當時德國社會公眾的重視，直到1871年，安東・卡萊特博士 (Dr. Anton Klette) 的《論圖書館員專業之獨立自足性》(*Die Selbständigkeit des Bibliothekarischen Berufes*) 一書出版後，德國社會才接受了圖書館業是一個專業的事實㉙。1874 年，瑞爾曼博士 (F. Rullmann) 發表了他爲弗雷堡大學 (Universität Freiburg) 所作的建議。他建議在該校創辦一個三學年的圖書館學課程; 同時，他更建議德國的圖書館員開會討論: ① 德國圖書館協會 (Verein Deutscher Bibliothekare) 之籌組; 及②圖書館專業學校之

㉖　Tai, Tse-chien. *Professional Education for Librarianship*. New York: The H. W. Wilson Co., 1925. p. 111. (〔 〕中文字，本書著者增添。)

㉗　同前註㉖，頁112。

㉘　同前註㉖，頁 113。(〔 〕 中文字係本書著者的意會，英文譯文是 "literary education")。

㉙　同前註㉖。

創辦；他立卽遭到不少圖書館員的反對，他所建議的會議也終未開成 ㉚。但是狄札茲克博士 (Karl Dziatzko) 於 1886 年在格丁根大學 (Göttingen Universität) 正式教授圖書館學。1897年，終於在狄札茲克的倡導下，五十一個德國圖書館員在德瑞士頓 (Dresden) 第一次聚會。三年後 (1890)，德國圖書館協會正式成立㉛。

十九世紀的美國圖書資訊事業

美國圖書館協會 (American Library Association) 於1876年在費城 (Philadelphia) 成立。其年九月，《圖書館學報》(*Library Journal*) 第一期出版。杜威 (Melvil Dewey) 是第一位編輯。在他的「編者的話」中，他曾引述瑞爾曼的觀點，認爲：「在較大的學院和大學中，應設『書與讀』的講座……教〔學生〕如何讀書——掌握已印行的知識的方法。」㉜ 1879年，杜威第一次在《圖書館學報》上公開討論圖書館員的教育。他說：「關於有〔專業〕訓練的圖書館員的重要性，我們聽到不少……我們需要一個訓練學校來作這個專業的溫床。村鎮裏的女教員有成百的師範學校，傳授她們最好的教學方法。醫生、律師、牧師，是的，甚至廚子都有專業學校來訓練他們。但是，〔社會〕地位已經提升得很高的圖書館員，卻必須由他們的實驗和經歷中來學習。」㉝

1883 年，杜威應哥倫比亞大學(Columbia University)之聘後，

㉚　同前註㉖，頁114。
㉛　同前註㉖，頁115。
㉜　White, Carl Milton. *A Historical Introduction to Library Education.* Metuchen, N.J.: The Scarecrow Press, 1976. p. 42. (〔　〕中文字係本書著者增添。)
㉝　Dewey, Melvil. "Apprenticeship of Librarians." *Library Journal.* May 31, 1879. no. 4, p. 147. (〔　〕中文字係本書著增添。)

立即向學校當局提出一個教學計畫大綱，包括下列課程：

1. 實用目錄學： 講解那個作者和論文是需要的。（也就是說，研習目錄學便能知道各個學科中有些什麼書籍、它們對此的價值以及如何使用它們。）

2. 書本學： 講解各種不同版本之優劣。

3. 讀書法： 講解如何自書籍中汲取所需〔資訊〕之簡易方法。

4. 文獻處理法： 講解——爲了未來使用之便——如何記憶、記錄、分類、安排，以及索引書籍內容的方法❸。

在這計畫中，杜威並論及（在當時情況中）「兼任」教員的必要性，更建議哥大當局將「目錄學教授」的職稱納入建制。很顯然，杜威已將圖書館學的範疇自實際工作的技術訓練（1879），推廣至目錄學的講授（1883）。

國會圖書館館長史包佛（Ainsworth Spofford）在1886年答覆哥大校長的信中曾說：「（以我看來），圖書館員訓練學校的重點應該是傳授完整而正確的研究……一個大學最少應該教會學生在接受一個說法以前，先去查證所有有關的資訊。我歡呼鼓舞，因爲你決定將目錄學納入貴校選修課程之內。」❸

當時，哥大政治學教授伯基斯（John W. Burgess）是杜威的好友，也曾爲文極力鼓吹贊助。他認爲圖書館員的教育不應只是「技術」的傳授，更應兼及高等基礎教育❸。但是，杜威的建議和伯基斯的呼籲，甚至史包佛的鼓勵，都未被哥大當局完全採納。一面可能是由

❸ Dewey, Melvil. "School of Library Economy." *Library Journal.* September–October, 1887. no. 8, p. 285.（〔 〕中文字係 C.M. White 之解釋，見前註❸，頁51。

❸ 同前註❸，頁52。

❸ Burgess, John W. *The American University. When Shall It Be? Where Shall It Be? An Essay.* Boston: Ginn, 1884.

於當時的實際困難，更可能的是因爲當時哥大執政當局對圖書館學見解上的差異。 哥大圖書館經營學院 (School of Library Economy) 在1887年元月正式開幕時，只設圖書館經營法教授，而不設目錄學教授；只講授圖書館內的一切工作技術，侷限於「學徒式」的傳授❸。這個不完善的「開始」是不是導致日後百年間社會公眾不重視圖書館員的原因之一？它是否曾遲滯了圖書館事業的正常發展？這是兩個有趣而值得研討的問題。

其實，在杜威1887年的計畫中，他希望好學生能留校三年，以便獲得圖書館學碩士學位 (M. L. S.)。他說：「〔我們〕期盼，這樣〔以獎學金的方式〕，便能使好學生留校研習較長一段時間，也希望這三年制的入學人數增加。在這三年中，他們須學習語言、比較文學、以及高等目錄學和圖書館經營法。過去一年中，最見成效的便是許多教授所作的目錄學講授。此後，我們應推廣這個傳統，將目錄學納入正式課程中，也許我們便有足夠的理由，將『圖書館經營』這個有限度的名詞，變成較廣泛的『圖書館學』；而包括目錄學、編目、分類、以及與管理圖書館有關的一切圖書館經營課目。在最初，爲這學校命名時，大家認爲最好自傳授技術開始；等到公眾需求達到某一程度時，便應擴張範疇，以便涵蓋『圖書館學』。」❸ 由此可見，在這第一所圖書館學校創辦時，創辦人也曾感到只傳授「技術」是不夠的，並不

---

❸　「學徒式」(Apprenticeship) 的訓練當然不是沒有意義的， 尤其是對受訓者日後實際工作技術上有一定的價值。但是，圖書館員的使命並不只侷限於蒐集、整理、保管圖書資訊，以及圖書館的管理技術；他們更負有教育、指導讀者，和傳播資訊給讀者的義務。後者所需要的基礎知識，便不是學徒式的技術訓練所能供應的。

❸　Dewey, Melvil. "Changes in the Library School for the Second Year." *Library Notes*. v. 1, no. 4, March 1887. pp. 269-270.（〔 〕中文字係本書著者增添。）

能達到訓練一個完整的圖書館員的目的; 也不能完全滿足當時讀者的需求。他們也曾見到圖書館在社會中所扮演的角色, 它不僅有靜態地整理和供應圖書資訊的責任, 更有主動地誘、導讀者的義務; 不僅要供應讀者當前顯而易見的需要, 也須顧及讀者所不知但可能需要的資訊, 以及預料讀者未來可能的需求, 而未雨綢繆。要達到後者這動態的目標, 目錄學及專科知識, 是圖書館員不可或缺的條件。

1889 年 3 月30日, 哥大圖書館經營學院遷移到紐約州立圖書館 (New York State Library), 改名為紐約州立圖書館學校 (New York State Library School)。因校址在紐約州省會阿爾班尼(Albany), 一般人稱之為阿爾班尼圖書館學校 (Albany Library School)。1926年, 該校遷回哥大, 與紐約公共圖書館 (New York Public Library), 的圖書館學校合併, 更名為圖書館服務學院 (School of Library Service)。值得注意的是, 該校 1901 年手册(Handbook)中曾重申「技術訓練」的重要性❸這第一所圖書館學校, 便在盾矛中逐漸成長。一面知道「技術訓練」的不足, 但又為該校已供應了當時圖書館所能感到的需要而滿足。這個矛盾並不是圖書館學教育成長過程中唯一的障礙。當時, 許多具影響力的圖書館界人士也覺得圖書館學校是不必要的; 他們認為最好的「學習」, 便是實地去「做」; 課堂中的講解, 不如親身的體驗❹。換言之, 「學」應寓于「習」中。但是, 也有許多大學和研究圖書館的館員不同意這個看法; 他們認為大學和研究圖書館館員需要較高深的學術訓練❹, 他們批評當時的圖書館學校教育

---

❸ New York State Library. Albany, *Handbook of New York State Library School*. 1901. p. 379.

❹ Columbia College Library, School of Library Economy. "Circular of Information." 1886-87, p. 33; 1887-88. p. 35.

❹ Cutter, W. Parker. *Suggestions for a School of Bibliology at Columbia University*. Washington, D.C., 1904. (Printed as manuscript)

是「只授方法，不顧理論；應用重於原則。」㊷

　　這個爭論直到二十世紀初期才逐漸平息，人們的看法，也逐漸趨於一致。當然，這和當時的環境和條件的變化有關。在十九世紀末期，美國有 4,000 所圖書館，共藏書 12,276,964冊。平均每館藏書 3,334冊。當時，只有 12所圖書館的藏書量超過60,000冊。增書量，每年每館平均 287冊㊸。到1920年左右，文化資源大增；人們研究的方向也日新月異；不同型態的資訊種類更空前繁多。圖書館從業人員的素質便不得不相應提升。此前，圖書館學校的近似學徒式的教育已不能配合這些變化。以往，圖書館學教育注重改進外在易衡量的標準，諸如：經費、教職員人數、學生錄取條件、全國調和程度等，而忽視了改進教育過程的本質。但在外來的新的衝擊下，圖書館學校的教育自需另謀改良途逕。

威廉森、卡內基公司和芝加哥大學的
圖書館研究院

　　1923 年，威廉森 (Charles C. Williamson) 爲卡內基公司 (Carnegie Corporation) 所作的報告《圖書館服務的訓練》(*Training for Library Service*) 在波士頓出版，正式指出圖書館內的作業應分爲「專業」(Professional) 及「非專業」(Clerical) 二部分，而

㊷　Richardson, E.C. "The Library School as It Should Be." *Library Journal*. v. 15, no. 12, Dec. 1890. p. 94.

㊸　U.S. Bureau of Education. *Public Libraries in the United States of America; Their History, Condition and Management; Special Report, Pt. I.* Washington, D.C.: Government Printing Office, 1876.

二者的作業員所需要的教育或訓練是不同的❹。這報告並介紹了一個新的觀念：圖書館學校是訓練受過高等教育的專業人員的學府，它必須兼及一切圖書館專業有關的文化、文藝、目錄學及社會學，以便能與大學內其他學科齊頭並進。威廉森報告是芝加哥大學圖書館研究院 (the Graduate Library School, University of Chicago) 的催生劑，更將圖書館學的基本觀念帶進了一個新的紀元──「威廉森時代」。自此，很多圖書館學校都要求大學基礎教育為入學先決條件；在學課程的內容水準也提高，範圍更拓廣；結業時，並頒發學位（自學士至博士）。

1925 年 7 月 7 日， 美國圖書館協會理事會通過「圖書館深造研究院的最低標準」(Minimum Standards for Advanced Graduate Library School) 內容如次：

組　　織: 圖書館深造研究院應是一個大學整體的一部分；它應符合美國大學協會 (Association of American Universities) 所制訂的研究院所應符合的一切標準。

教 職 員: 一切標準應與大學中其他研究院相同：諸如， 學歷、 經歷、教學效率、聲望、職稱和一切應有的權益。院長最好是專任。

經　　費: 它必須有充分經費，能發給教授足夠的薪津，以便他們能盡力做研究，更能保證他們有適當的進修環境，跟上時代的進展。

設　　備: 它應有充分的研究設備。

入學條件: 立案大、專畢業生，且具備一學年良好的專業教育。

課　　程: 碩士學位：一學年。

---

❹ Williamson, Charles C. *Training for Library Service.* Boston: D. P. Updike, Merrymount Press, 1923. p. 3.

碩士以上的進修限於優秀學生。這些學生過往的表現應能
保證他們有能力追求更高深的專業或科學研究。課程標準
不宜硬性規定；課題應以個人〔興趣〕為主；目的是專業
上的成就，而不是學分的積累。學業圓滿後，應授予哲學
博士 (Ph. D) 學位。

研讀分科: 根據興趣，經教授團批准後，學生擇定其研讀專科，選修院
內所開各課目；或為訓練各種不同性質圖書館的行政人員，
或為各種專門目錄工作人員、或為圖書館學校教育人員。

學　位: 文藝碩士 (M.A.) 或科學碩士 (M.S.) 學位授予圓滿修
完一學年研究院課程者。

哲學博士學位根據各大學校規授予❹❺。

至此，某些有關人士對圖書館學總算有了一個新的認識和估價。
但是，認識是模糊的；估價也是不肯定的。然而不論如何，圖書館學
校終於有了一個最起碼的「標準」。從這個最起碼的標準裏，我們可
以看到當時一些圖書館從業人員是如何地努力自強；也可以感到那時
一般知識分子對圖書館事業及其從業人員的不重視。這個「標準」奠
定了一定的基礎，也引致了一些學術上的爭論❹❻ ❹❼ ❹❽。

這些爭論，不論正面的或反面的，對圖書館學及圖書館事業的發
展是起了一定的助長作用。可是，在1951年前，卻未曾見到全國一致

---

❹❺ *Bulletin of ALA.* 1926. p. 452. （〔　〕內文係本書作者增添。）

❹❻ Munthe Wilhelm. *American Librarianship from a European Angle.* Chicago: ALA, 1939. pp. 144-54.

❹❼ Flexner, Abraham. *Universities: American, English, German.* New York: Oxford University Press, 1930. pp. 152-3, 172, 195.

❹❽ Bishop, W. Warner. "The Status of Library Schools in Universities," *Association of American Universities, Journal of Proceedings.* 1933. pp. 124-37.

性的行動❹。

1928年10月，經過了二年的籌備，芝加哥大學圖書館研究院正式開課。在宣佈課程之同時，院中教授們更宣佈了這課程制訂的目的，是爲了訓練少數能做科學研究的學生，來研討如何延伸現有的有關圖書館各方面的價值及工作程序的知識；更包括發展如何蒐集資料，測試它們，以及如何付諸實用的各種方法❺。當時，有教授四位，講師二位，學生十名。渥克司博士 (George A. Works) 是第一位院長❺。開幕時，該院宣佈要與哈佛大學 (Harvard University) 的法律學院並駕，要與約翰‧霍金斯大學 (John Hopkins University) 的醫學院爭勝。渥克司在 1929 年 4 月12日對芝加哥圖書館俱樂部 (Chicago Library Club) 的演講裏，曾經說明芝大研究院不僅需要要求大學文憑做爲入學先決條件，更得要求學生在入學以前已具備圖書館經營的基本技術知識。它的「主要目標是在擴張圖書館及圖書館事業有關的知識領域。」要達到這個目的，「做研究」是必要的手段。這並不表示芝大的圖書館研究院比別的圖書館學校好，比別的學校高明；只是它的重點與他校不同而已❺。當時，一般圖書館界人士對芝大學院期望殷切。但他們的期盼和芝大本身的目標並不完全相符。渥克司在院長任內做了不到一年❺，便在 1929 年 6 月辭職，赴康州農學院 (Connecticut Agricultural College) 校長職。在他回答《圖書館》(*Libraries*)主編愛恩小姐 (Mary Eileen Ahern) 信中，

---

❹　同前註❸，頁122、153。

❺　同前註❹，頁147。

❺　同前註❸。

❺　Works, George A. "The Graduate Library School of University of Chicago." *Libraries*. 34, no. 7, July 1929. p. 311.

❺　渥克司1927年應芝大之聘，1927-29 年爲籌備期間。1928年10月至 1929 年 6 月，眞正任期不到一年。

很婉轉也很嚴肅地解釋了他辭職的原因。他說:「在校外,有一些不友善的因素……雖然這學院成立還不到一年,某些人士已極不耐煩地要見成果。須知,〔羅馬不是一天造成的〕。要緊的是,這學院不應〔削足適履〕,偏重部分特殊項目,諸如歷史、行政等。……它的範疇應與整個〔圖書館〕事業領域同等寬廣。如果將這學院當做某協會或組織的附屬品,那就更加危險了。」⓹ 渥克司先生未曾說明的是:「理論」與「實行」應該並重,而理論是實行的根本。成立芝大學院的原意本是研求圖書館學的理論;也就是要追溯原因,探求眞理,並推測未來;因而建立一套整體的圖書館學理論。當時,其他圖書館學校都偏重實行,都在為圖書館訓練技術工作人才。其實,二者表、裏互益,應能並行不悖,不應也不必互相攻擊⓹。

　　這個理、行之爭,到 1932 年威爾遜博士 (Louis R. Wilson) 就任芝大圖書館研究院院長時,由於他個人的聲望及良好的人際關係,在表面上,這爭執似乎慢慢平息了。事實上,這爭論仍然繼續著,直到今日,仍未能完全停止。 1935 年, 賈各爾先生 (Carleton B.

⓹　見前註⓹,頁318-9。(第一、二〔　〕中譯文係本書作者意譯,原文是 ①"Large return should not be expected at once." ② "the School should not be dominated by any particular library interest..." 第三個〔　〕中文字係本書作者增添。)

⓹　作者按: 人的本性總自以為是(作者亦不例外)。很難放棄個人的主觀立場(卽使是暫時的),而從他人的立場來觀察、瞭解問題。作者以現今的知識觀點來批評史實,不免有「過責」之嫌。但就事論事,亦可供讀者參考,以鑒未來。(其他理、行之爭的文章請參考 Douglas Waples 的文章 "The Graduate School, University of Chicago." *Library Quarterly*. 1, 1931. pp. 26-36 和 "Do We Want a Library Science? A Reply." *Library Journal*. 56, 1931. pp. 743-6; C. Seymour Thompson 的文章 "Do We Want a Library Science?". *Library Journal*. 56, 1931. pp. 581-7. 和 "Comment on the Reply." *Library Journal*. 56, 1931. pp. 746-7.)

Joeckel) 爲芝大圖書館研究院所寫的博士論文《美國公立圖書館的行政管理》(*The Government of the American Public Library*) 出版後，贏得圖書館界人士眾口稱讚，譽爲第一流傑作⑤⑥。之後，1937年，卡洛夫斯基先生 (Leon Carnovsky) 繼續爲芝大研究院辯護，他認爲，圖書館學院如果只是爲了現有圖書館訓練工作人員，便有所欠缺。大學畢業後的深造研究應有更高深的層次，諸如：衡量當時的學術進度；發掘問題，並培養能力和深入的瞭解，以便解決這些新發現的問題。他說：「要走在時代前端的人，必須自願放棄傳統的思路，勇於開拓新的疆域。」⑤⑦ 這些事實上的成就和顚撲不破的理論，終於消除了人們對圖書館學學術價值的懷疑，並對之有了信心。

圖書、資訊學的成長及茁壯

知識成長的過程中，學術爭論是不可避免的現象，也是知識成長的催生劑。其實，理論、實行二者應該並重。沒有理論基礎，實行時便可能有所偏差；若不去實行，理論便無法補充、更正。圖書館存在目的是儲存、整理、傳播資訊，並誘導、輔助讀者去善加利用這些資訊，以便促成知識之成長，社會文化之進昇。換言之，圖書館之存在是以「服務」爲目的，服務的對象是「讀者」⑤⑧。圖書館內一切計畫、工作及設置都是爲了要便利讀者，便利讀者是圖書館的主要目的。但在不妨害這主要目的原則下，也應兼顧圖書館內工作人員的方

---

⑤⑥　見前註㉞，頁235。

⑤⑦　Carnovsky, Leon. "Why Graduate Study in Librarianship?" *Library Quarterly*. 7, No. 2, April 1937. pp. 246-61.

⑤⑧　「讀者」一詞，在此泛指所有需求及使用「資訊」者。

便，以提高他們的工作效率。在不同的時代及社會環境裏，不同的讀者的資訊需求，以及他們追求和使用資訊的渠道與方式，可能均不盡同。研究讀者成分和他們的研、讀行為，以及他們的社會背景、生活環境對他們的資訊需求的影響，也都是圖書資訊學所應研究的一部分。這些研究的結果，便是制訂一個圖書館的組織、行政、工作及程序的張本；而「如何」去制訂一個圖書館的組織、行政、工作及程序，也屬於圖書資訊學研究的範疇。前者是理論的基礎；後者是實行的藍圖。二者關係交綜錯雜不可分割。談理論而忘卻實行，很容易走錯方向。而理論本身為便無法補充、修正，便成了「死」理論，便是空談。只談實行而不顧理論，有如夜行無燈，便可能處處碰壁；卽使僥倖走通一路，也是事倍功半，更不可能統籌全盤，前瞻未來。理論為「綱」，實行是「目」；綱、目並重，方能逐漸接近「理想」。當然，所有的學術都應是理、行並重的，不只是圖書資訊學而已。

　　1951年7月13日，美國圖書館協會教育委員通過了「立案標準」(Standards of Accreditation)⑤，美國才有了全國一致性的審查圖書館學校是否合格的標準。內容共有九項：①組織與行政；②經費；③教員；④職員；⑤課程；⑥入學條件；⑦學位；⑧校舍與設備；⑨圖書供應與服務。這個標準在1972年6月27日增修，沿用至今。新標準內容包括：①〔教育終極〕目標和〔學業課程〕目的；②課程；③教員；④學生；⑤統屬、行政及經費；⑥設備⑥。72年的標準雖然說是由51年

---

⑤　王振鵠先生譯為「認可標準」。見王著《圖書館學論叢》，臺北：臺灣學生書局，1984，頁451。就文義而言，王譯較為恰當。但為避免與一般常用詞分歧而生混淆，乃譯為「立案標準」。

⑥　茲列項目原文如次：① Program Goals and Objectives; ② Curriculum; ③ Faculty; ④ Students; ⑤ Governance, Administration, and Financial Support; ⑥ Physical Resources and Facilities 供讀者參照。

舊標準增修而成，但二者之間，不同之處甚多。在量的方面來看：全文增加了三倍；但項目卻由九項縮減至六項；將校舍與圖書併入設備項；經費併入行政項；並增加教育終極目標和學業課程目的一項。從內容方面來看：每項前均說明設置該項之理由，並增加證實文件之要求；在教員項中，更要求學生對老師授課的評估文件；在課程項中，72年標準明顯地指出：「課程應是一個有連貫性的整體而不是一些隨意拼湊的課目。它應1.著重瞭解而不填鴨；著重原則及技能而非日常操作程序；2.著重課程主題的重點及作用；3.反映出圖書〔資訊〕學及其他有關學科在基本和應用研究中的新發現；4.呼應當前圖書館與專業教育的趨勢；5.宣揚〔圖書資訊學〕專業成長〔的重要性〕。」❻

從這二個標準的內容差異，我們很容易看出現代圖書資訊學發展的途徑，以及圖書資訊從業人員嚴謹的敬業態度；也可看出，時代進展和知識成長對圖書資訊學，在觀念發展方面的影響。72 年標準的「前言簡介」很清晰地鈎劃出這影響的輪廓：

在此文獻中，當「圖書館員專業」(Librarianship)這名詞出現時，應作最廣義的解釋。它包涵資訊學及文獻處理學 (documentation) 一切有關的概念。「圖書館」一詞泛指各型的媒體中心 (media center)、教育資料中心 (educational resources center)、資訊、文獻處理、及轉介服務中心(referral center)。「圖書館服務」一詞，涵蓋所有能被記錄下來的知識和資訊的幾種型態的服務：──它們的鑑別 (identification)、選擇

---

❻ ALA. Committee on Accreditation. *Standards for Accreditation, 1972.* 2nd Printing, April 1981. p. 5.（〔 〕內文字係作者後加。）

(selection)、採購 (acquisition)、保存 (preservation)、整理 (organization)、傳佈(dissemination)、通訊(communication)、和譯釋(interpretation)，以及協助它們的使用。……」⑫

至此，美國圖書資訊學粗具「現代化」⑬的雛型。

---

⑫　見前註⑪，頁2。
⑬　作者按：「現代化」當限於現今知識和需求之範疇；未來之疇、型應隨未來社會的進化及需求而變異。

三、圖書館在中國

清末的圖書館事業

我國對圖書資訊的重要性早有一定的認識，但都限於士大夫階級或政府官員之使用，未能普遍實施。「普及」的概念，還是在晚清變法初期，方始大行倡導的。光緒二十二年(1896)一月二十一日，工部尚書孫家鼐的〈遵擬官書局開辦章程疏〉中，第一條建議便是設置藏書院：

> 一、藏書籍擬設藏書院，遵藏列聖聖訓，欽定諸書，及各衙門現行則例，河漕鹽務，各項政書。並請咨取儲存庋列其古今經、史、子、集，有關政學術業者，一切購置院中，用備留心時事、講求學問之人，入院借觀，恢廣學識。❶

這裏強調的「留心時事、講求學問之人」已是泛指一般社會公眾。同年五月二日，刑部左侍郎李端棻奏〈請推廣學校〉：

> ……厥有與學校之益相須而成者，蓋數端焉：一曰，設藏書樓。好學之士，半屬寒酸；購書既苦無力，借書又難其人。坐

<hr>

❶ 《皇朝道咸同光奏議》，臺北: 文海出版社，1969，卷1，頁378。

此固陋寡聞，無所成就者，不知凡幾。高宗純皇帝知其然也，特於江南設文宗、文匯、文瀾三閣，備庋秘籍，恣人借觀。嘉慶間，大學士阮元推廣此意，在焦山、靈隱起立書藏，津逮後學。而此以往，江浙文風甲於天下。……今請依乾隆故事，更加增廣，自京師及十八省省會，咸設大書樓。調殿版及各官書局所刻書籍，暨同文館、製造局所譯西書，按部分送各省以實之。其或有切用之書，為民間刻本，官局所無者，開列清單，訪明價值，徐行購補。……許人入樓看讀。由地方公擇好學解事之人，經理其事。如此，則向之無書可讀者，皆得以自勉於學，無為棄才矣。❷

可見，在清乾隆年間，「公共圖書館」的概念已經萌芽。但其時，教育並不普及，追求知識是少數經濟能力較寬裕家庭的專有權利。所謂三閣，亦只藏《四庫全書》，未及其他民間出版書籍。李端棻之奏，不但說明了「圖書館」之普設能使「無為棄才」，對社會進步、國家富強，影響深遠。並建議「官局所無者，開列清單，訪明價值，徐行購補。」是為圖書館採購圖書觀念之先河。更建議「由地方公擇好學解事之人，經理其事」，為圖書館人事甄選制度開創先例。當時，所謂「藏書院」、「藏書樓」、「大書樓」、「書藏」等名詞，也便是指「圖書館」而言，雖未有其「名」，已略具其「實」。但因當時人們的知識及社會環境條件的限制，尚未能暢達現今「圖書館」的所有涵義。「圖書館」一詞，大約自日本傳入。光緒二十二年（1896）（農曆）八月二十一日，《時務報》譯《日本新報》當年（西曆）八月二十六日的〈古巴島述略〉一文中，「圖書館」一詞，可能是第一次出現於中國文字中❸。

---

❷ 同前註❶，頁387-8。
❸ 同前註❶，頁392。

　　光緒二十九年（1903），韋棣華女士（Mary Elizabeth Wood）在武昌籌辦文華公書林，於1910年（宣統二年）正式成立。韋女士發現

> 中國文化情形，深覺學校不能發展，教育不能普及之原因，卽無圖書館以爲輔助。……其初步工作爲舉辦公共演講，常請往來武漢名人，演講各種論題，以引導閱覽之興趣。並聯絡武漢各學校，與多數團體，暨長江一帶之教育機關，設巡廻文庫。……其館址雖附設於文華大學，實非文華大學所私有，故不名文華圖書館，而名爲公書林，蓋欲以其所藏之書，公諸武漢各界人士也。……女士則主張書庫開放，任人流覽。❹

　　文華公書林是我國第一所美式公共圖書館，它不但首創開架式書庫，且首辦巡廻書庫。但係私人創辦，也不具「圖書館」之名。
　　中國第一所公立圖書館，是湖南巡撫龐鴻書於光緒三十一年（1905），在長沙所建❺。其時，正逢科舉停辦，新式學堂紛紛成立。他在〈奏建圖書館〉摺中說：

> 查東西各國都會，莫不設有圖書館，所以庋藏羣籍，輸進文明，於勸學育才，有大禅益。湘省各屬學堂，經已次第建設。……建設圖書館，萬不可緩。前撫臣趙爾巽，在省垣漢長沙定王臺叛設；由各紳捐置圖籍，款項無多，規模尚隘。上年，撫臣端方始派委員赴日本調查，並購求書籍。延訂素有名望，學識兼長

❹　盧震京，《圖書學大辭典》，臺二版，臺北：臺灣商務印書館，1979，頁30-31。
❺　「中國第一個公共圖書館」建立的時間和地點，有一些不同的説法。請參閱張建國著，《湖南圖書館：建館八十週年暨新館落成紀念文集》，〈我國第一個公共圖書館建立時地辦正〉，長沙，1984，頁183-188。

者，分任纂修各事。飭善後釐金局籌開辦費銀一萬兩，再撥常年款一千二百兩。辦理甫有端倪，適值交卸。臣接任後，疊與學務處司道籌商，以定王臺原址狹隘，非購民房另造，不足以壯觀瞻。添撥開辦費五千兩，造就藏書樓一所，計三層，縱橫面積四十丈。閱覽四所，縱橫二十四丈。外更有買卷繳卷處、領書處等屋。……刊發木質關防，文曰「湖南圖書館之關防」，俾照信用。……❻

在這奏摺中，有幾點值得我們注意的：

(1) 學堂與圖書館的密切關係，換言之，圖書館的教育意義，已然為位居要津之人注意；

(2) 社會上高階層人士（名紳），已知道圖書館的重要，乃樂捐書籍；

(3) 外出搜購書籍之概念，已然建立；

(4) 圖書館員之品、質，已是從業條件；

(5) 開辦費與常年經費大約是十與一之比；

(6) 使用圖書館，不是免費的；

(7) 木質關防，顯然身價不高。

宣統元年（1909），學部奏請擬定「圖書館法規」。翌年（1910）頒布，內容共計十九條❼。這些條文的內容，反映了當時一般人士對圖書館的看法。在當時，這些看法可能已頗具前瞻性；若以現今的知識及需求來看，卻有很多值得商榷的餘地。但不論如何，這「法規」的歷史價值，仍然存在。茲擇其要旨，抄錄於次，並將筆者個人的感想，置於括弧中，附於條文之後，以供讀者參考：

---

❻ 劉錦藻，《清朝續文獻通考》，上海：商務印書館，1936，頁考8,600。
❼ 《第一次中國教育年鑑》，教育部編，臺北：傳記文學出版社影印1934版，卷3，頁1111-2。

第 一 條: 圖書館之設，所以保存國粹,造就通才,以備碩學專家研究
　　　　　學藝,學生士人檢閱考證之用。以微博採,供人瀏覽爲宗旨。
　　　　　(「造就通才」，而非「專才」。「供人瀏覽」而已!)

第 二 條: 京師及各省省治，應先設圖書館一所。各府廳、州縣治,
　　　　　應各依籌備年限，以次設之。

　　　　　　(各城市都設公共圖書館。鄉下村、鎮均不需圖書館?)

第 四 條: 圖書館地址，以遠市避囂爲合宜。建築則取樸實謹嚴，不
　　　　　得務爲美觀。室內受光、通氣尤當考究、合度，預防潮濕
　　　　　霉蝕之弊。

　　　　　　(後半條，甚爲有理。前半條，尚需斟酌: 「遠市避囂」
　　　　　則可能交通不便。「樸實謹嚴」固佳，「美觀」亦應無妨!)

第 七 條: 圖書館收藏書籍，分爲兩類:一爲保存之類;一爲觀覽之類。
　　　　　(爲何如此分類?)

第 八 條: 凡內府秘笈，海內孤本，宋元舊槧，精鈔之本，皆應在保
　　　　　存之類。保存圖書，別藏一室。由館每月擇定時期，另備
　　　　　券據，以便學人展視。如有發明學術、堪資考訂者，由圖
　　　　　書館影寫刊印鈔錄，編入觀覽之類，供人隨意瀏覽。

　　　　　　(善本書籍自應妥爲保管。「展視」也「限時」「限人」!)

第 九 條: 凡中國官私通行圖書，海外各國圖書，皆爲觀覽之類。觀
　　　　　覽圖書，任人領取繙閱，惟不得污損剪裁，及攜出館外。
　　　　　(書籍不外借!)

第 十 條: 中國圖書凡四庫已經著錄，及四庫未經采入者，及乾隆以
　　　　　後所出官私圖籍，均應隨時采集收藏，其有私家收藏舊槧
　　　　　精鈔，亦應隨時假鈔，以期完備。惟近時私家著述，有奉
　　　　　旨禁行，及宗旨悖謬者，一概不得采入。

（「奉旨禁行」顯是政治性文字檢查。「宗旨悖謬」，由何人裁決？）

第十一條：海外各國圖書館，凡關係政治學藝者，均應隨時搜采，漸期完備。惟宗旨學說偏駁不純者，不得采入。

（「宗旨學說偏駁不純」，如何決定？標準如何？）

第十二條：京師暨各省圖書館，得附設排印所、刊行所，如有收藏秘笈孤本，應隨時仿刊印行，或排印發行，以廣流傳。

（已頗有前瞻性。）

第十三條：京師圖書館書籍，鈐用學部圖書之印。各省圖書館書籍，由提學使鈐印。各府廳州縣圖書館，由各府廳州縣鈐印。無論為保存之類、觀覽之類，概不得以公文調取，致有損壞遺失之弊。

（圖書館顯係政府各機關之附屬品。「概不得以公文調取，致有損壞遺失之弊。」不免因噎廢食。此條影響深遠！）

第十六條：海內藏書之家，願將所藏秘笈暫附館中，擴人見聞者，由館發給印照，將卷冊數目，鈔刻款式，收藏印記，一一備載。領回之日，憑照發書。管理各員，尤當加意保護，以免損失。其借私家書籍版片鈔印者，亦照此辦理。

（有趣的概念。但未提及若有損失，如何處理的辦法。）

第十七條：私家藏書繁富，欲自行籌款，隨在設立圖書館以惠士林者聽（？），其書籍目錄，辦理章程，應詳細開載，呈由地方官，報明學部立案。善本較多者，由學部查酌，奏請頒給御書匾額，或頒賞書籍，以示獎勵。

（私人圖書館為何需「呈由地方官，報明學部立案」？「以惠士林者聽」，「聽」字可能是排字誤植。）

戰前的圖書館事業

從1905年到1911年，中國設了二十幾所公私立新式公共圖書館；而新式的高等學府也大都設有圖書館❽。民國成立之後，圖書館法規數度更改。最早是教育部於民國四年（1915）十月頒布的〈通俗圖書館規程〉十一條，內中第七條規定：「通俗圖書館不徵收閱覽費」❾。是爲我國明文規定「圖書資訊」免費的濫觴。但是，通俗圖書館只「儲集各種通俗圖書」❿，不供應研究所需之資訊。同年十一月，教育部又頒布「圖書館規程」十一條，其中第九條規定：「圖書館得酌收閱覽費」⓫。此處所指的圖書館，是省、市、區域的公共圖書館，以及學校、機關、團體的附設圖書館。但爲何「得酌收閱覽費」的理由，尙有待史家之追溯。也許是說「消閑」免費，「學習」「研究」須付代價吧?!

民國十六年（1927），教育部改名大學院。是年十二月二十日，大學院公佈「圖書館條例」十五條⓬。其中有三條條文甚有意義，茲錄於後：

第八條：圖書館得設館長一人，館員若干人。館長得具左列資格之一：

一、國內外圖書館專科畢業者；

---

❽　張錦郎、黃淵泉著，《中國近六十年來圖書館事業大事記》，臺北：臺灣商務印書館，1974，頁21。
❾　同前註❼，頁1112。
❿　王振鵠著，《圖書館學論叢》，臺北：臺灣學生書局，1984，頁496。
⓫　同前註❼，頁1113。
⓬　同前註❼，頁1113-4。

二、在圖書館服務三年以上而有成績者；

三、對於圖書館事務有相當學識及經驗者。

（最後這個「資格」要求，似乎爲任用私人開了一個方便
之門。）

第十一條： 公立圖書館之經費，應於會計年度開始之前，由主管機關
列入預算，呈報大學院。但不得少於該地方教育經費總額
百分之五。

（首創圖書館經費與教育經費之百分比。這 5 ％的要求，
如今仍然是我國海峽兩岸圖書館經費預算的尺度，特別是
大學、專科學院的圖書館。）

第十二條： 私立圖書館，應設立董事會，爲該圖書館法律上之代表。
私立圖書館董事會，有處分財產，推選館長，監督用人行
政，議決預算決算之權。私立圖書館董事會之董事，第一
任由創辦人延聘，以後由該會自行推選。

由這幾條條文看來，當時擬訂這「條例」的人，已有了「圖書館標準」
及「組織」的概念。民國十七年（1928）底，「大學院」恢復「教育
部」原名。民國十九年（1930）五月十日，修訂「圖書館條例」，更
名「圖書館規程」，共十四條。其內容與「條例」大致相同⓭。是我
國在戰前公佈的最後一項有關圖書館的法規。

中央圖書館

⓭ 據張錦郎著《中國圖書館事業論集》〈規程〉中，冊去「條例」中第
九、十一兩條文，「另新加第十條，規定省市縣立圖書館及私立圖書館
之概況，每年六月底由各省市教育廳局彙案報部一次。」（頁107）

　　抗戰時期，圖書館事業損失慘重。全國各類圖書館數量在民國二十五年（1936）時有 5,196所，而在民國三十六年（1947）時，僅存 2,702所❹。圖書損失，亦在千萬冊以上。

　　但在抗戰八年間，政府公佈有關圖書館的法規共達十次之多❺，足見國人彼時已逐漸感到圖書館的重要性。但就民國二十九年（1940）十月十六日國民政府公佈的「國立中央圖書館條例」十三條❻來看，國人（至少是政府的執事官員）對圖書館的認識還是膚淺的很。該條文第一條便明文規定：「國立中央圖書館隸屬於教育部……」。固然，當時政府之組織與現今政府組織不同，但隸屬教育部，最高也不過是三級單位，影響該館日後事業的正常發展不淺❼。第三條文，更限定了工作人員的人數：館長一人，組主任五人，編纂十四至二十人，幹事二十八至三十人；所以，最多不過五十六人，比美國一個較具規模的市鎮圖書館尚有不及❽。

　　中央圖書館於民國二十二年（1933）開始籌辦，民國二十九年（1940）八月一日正式成立，民國三十年（1941）一月開放閱覽。蔣復璁先生是第一任館長。在他民國二十八年（1939）十二月呈教育部的報告中說：

---

❹　《中華民國圖書館年鑑》，臺北：國立中央圖書館，1981，頁9。

❺　同前註❸，頁108。

❻　同前註❸，頁110。

❼　直到現今，中央圖書館仍然隸屬教育部的社教司，是三級單位，比起美國一級單位的國會圖書館，是遠遠地不如了。

❽　中央圖書館新館在1986年落成時，全館編制員工只有 180人左右。當然無法與美國國會圖書館的 6,000人左右相比；即使較諸現今大陸北京的國立國家圖書館（又名北京圖書館）的1,625人，亦是瞠乎其後。當然，人數多寡不一定便與「館」及其「服務」的質量成正比；但它必然是人們重視圖書館程度的一個指標。因為，人力與工作量之間的比例是有極限的；人數過少，某些工作項目或質量必定會被犧牲。

……於今七稔……顧以經費之支絀，捉襟肘見，迄未能實現預
定之計劃……查國立圖書館負有促進文化之使命，
〔其實，所有各種圖書館均負有此使命。〕

其事繁，其責重，非多用專才，廣籌經費，不足以收全功。……
計自始辦以至今日：月領經費二千元者，四月；四千元者，四
年；五千六百元者，二月；一千五百元者，半年；二千元者，
又一年；最近一年者，每月經費三千九百餘元，而設備費與購
書費悉在其內。……夫以經費如是之窘，而欲求事業之突飛猛
進，誠如操豚蹄斗酒以求汙邪滿車也。……⑲

由蔣先生這一番話，可以看到當時中央圖書館創業之艱難困苦。
固以彼時抗戰正殷，政府財政困窘，但以區區數千元為當時唯一國立
圖書館之經常月費，亦足見圖書館在其時人們心目中的地位。

1986年7月，中央圖書館在臺北市中山南路的新館落成，9月28
日正式開館啟用。但因時日變遷，讀者需求，大異往日，中央圖書館
仍處於「創業階段」⑳。篳路藍縷，艱苦不下當年。試就其最近幾年
(1984-88) 之經費（包括其臺灣分館之經費）來看：
1984年：總經費新臺幣75,993,000元，合美金（當時兌換率約為1:40）
　　　　1,899,825元。

　　　　其中購書費新臺幣10,532,000元，合美金263,300元。

---

⑲　見前註⑬，頁126-127。（〔　〕內文字係著者後加。）
⑳　「創業階段」是一個相對的名詞。這裏是指與先進國家的比較；更是指
　　與讀者所感到的、所認知的需求的對比。如果，圖書館的真正重要性，
　　一日不被確定，政府、社會對它的支持，便一日不會達到合理的程度，
　　而圖書館便會永遠處於「創業階段」！突破這個死結的關鍵，人們必須
　　認清圖書館在社會進步、文化發展的過程中，扮演一個什麼樣的角色，
　　而確定它在人類文化歷史上的地位及重要性。這樣，它才能得到合理的
　　支持，才能正常地成長、發展。

出版交換費新臺幣11,917,000元，合美金297,925元。

1985年：總經費新臺幣79,735,000元，合美金（當時兌換率約爲1:38）2,098,290元。

其中購書費新臺幣10,532,000元，合美金277,158元。

出版交換費新臺幣11,917,000元，合美金313,605元。

1986年：總經費新臺幣86,438,000元，合美金（當時兌換率約爲1:35）2,469,657元。

其中購書費新臺幣10,737,000元，合美金306,771元。

出版交換費新臺幣13,548,000元，合美金387,086元。

1987年：總經費新臺幣 118,637,000 元，合美金 （當時兌換率約爲 1:35) 3,389,629元。

其中購書費新臺幣14,486,000元，合美金413,886元。

出版交換費新臺幣14,320,000元，合美金409,143元。

1988年：總經費新臺幣 154,239,000 元，合美金 （當時兌換率約爲 1:28) 5,508,536元。

其中購書費新臺幣15,686,000元，合美金560,214元[21]。

出版交換費新臺幣17,155,000元，合美金612,678元。

從這些數字裏，我們可以看到：中央圖書館的總經費是每年都在增加（1984-1988 增加了二倍有餘），購書費也每年在增加（增加了一倍半），但購書費與總經費的對比，卻每年遞減（從 1984 年的29.54％到1988年的21.29％）。而這些遞減的購書費，大部都轉移到一般行政（自1984年的 NT 8,664,000元到1988年的 NT 48,946,000元；五年之間增加 35.65 倍），和閱覽及典藏項（自1984 年的 NT

---

[21]　《一年來的中央圖書館：七十五年七月至七十六年六月》，臺北：國立中央圖書館，1987，頁3，參見本章末表。

9,731,000元至1988年的 NT 22,956,000 元；增加了2.4倍）。換言之，也就是移到了設備和讀者服務項下。這現象補充說明了中央圖書館爲了滿足讀者需求因科技進步而變遷的相應措施。儘管經費是在增加，但從總的來看，中央圖書館的經費尚不如美國一個稍具規模的大學圖書館。以臺灣目前經濟能力而論，政府對中央圖書館的支持，實在是太嫌不足了。這個現象，和它「隸屬於教育部」這個建制，一定有很大關係，因爲，教育部本身便是一個「窮衙門」。

北京圖書館

另一個國立圖書館便是北京圖書館（又名中國國家圖書館）。原名京師圖書館，於清宣統元年（1909）籌辦，民國元年（1912）八月開館；民國十五年（1926），加以「國立」二字。民國十七年（1928），更名國立北平圖書館；民國十八年（1929）九月，與中華教育文化基金董事會之北平北海圖書館（原北京圖書館，又名北平圖書館）合組，仍用國立北平圖書館之名，但分二處辦公。民國二十年（1931）六月，文津街新館落成，乃正式合併藏書。1949年，改名國立北京圖書館。1987年七月一日，白石橋路新館完工，是年十月十五日開館接待讀者。

據《第一次中國教育年鑑》㉒ 國立北平圖書館當時「……爲教育部與中華教育文化基金董事會合組，一切進行事宜由部會合組國立北平圖書館委員會主持之。」

（一）組織：

委員會設委員九人，正副館長爲當然委員。館長、副館長各一人，由教育部聘任。下設八部十六組；每部各設主任一人；每組各設組

㉒ 同前註❼，頁791-793。

長一人，組員、書記若干人。

（二）**經費**：

　　①經常費：民國十九(1930)年度總收入（總經費）：660,952元。

　　　　　　該年總支出：105,478.62元。

　　　　　　該年積存：555,473.38元。

　　②購書費：民國十九年度撥購中文書費66,000元。

　　　　　　西文購書費：美金27,500元。

　　　　　　合計㉓：189,750元。

　　　　　　民國二十（1931）年度，中文購書費100,000元。

　　　　　　西文購書費：美金35,000元。

　　　　　　合計：257,500元。

　　③建築費：自民國十四（1925）年至民國二十（1931）年度，

　　　　　　由中華教育文化基金董事會撥款，前後共計1,298,

　　　　　　000元。

中央圖書館與北京圖書館之比較

　　固然，國立北京圖書館與國立中央圖書館在開辦時均隸屬教育部，但北圖的規模較中圖的規模要大得多（八部十六組：五組），更有中華教育文化基金董事會之資助，在經費方面，國立北京圖書館開辦時，較中央圖書館，優越得太多了。這二所國立圖書館日後的發展，與這「先天」的條件，有一定的關係。茲就館藏、經費、人員及建築幾方面，製作表 3.1，以爲比較：

———————————

㉓　當時正値世界貨幣動盪之前，美金與元之兌換率大約爲$1：4.5元。參見
　　趙蘭坪著，《現代幣制論》，上海：正中書局，1936，頁227。

表 3.1 中央圖書館與北京圖書館之比較㉔

項 目 \ 館 名		中 央 圖 書 館	北 京 圖 書 館	比例
館 藏 (1986)	書	1,248,927册	6,471,741册	1: 5.18
	刊	7,610種(83,199册)	6,955種(5,984,077册)	1: 9.14
人員 (1986)	法定編制	155***	不 詳	
	現有人員	96	1,625	1:16.93
	專 業	80	1,132	1:14.15
經費 (1985)	購 書 費	US$590,763*	US$2,433,333**	1: 4.12
	總 經 費	US$2,098,290	US$3,666,667	1: 1.75
新館 建築	面 積	40,111平方米	170,000平方米	1:4.24
	藏書空間	2,500,000册	20,000,000册	1:8.00

* 「出版交換」費用歸入購書費項下。當時新臺幣與美金兌換率約為1: 38。
** 人民幣與美金兌換率，當時約為1:3。
*** 不含工人人數。

仔細分析表 3.1，我們可以得到下列的幾個推論：

(一) 館藏：

①書籍：北京圖書館藏書是中央圖書館的5.18倍。

㉔ 數字資料取自：
　1.《一年來的中央圖書館：七十五年七月至七十六年六月》。
　2.〈中國國家圖書館〉，1988。
　3.〈中國國家圖書館的概況及業務工作管理制度〉，1985。

②期刊：北京圖書館的期刊種類是中央圖書館的9.14倍。

當然，藏書的多寡（尤其是册數之多寡），並不一定能代表藏書質素的高低㉕。這兩個國立圖書館在藏書量上的差別，和「先天條件」固然有關，和「後天的需求」也關係深切。這後天需求的形成，可能有下列各種不同的原因：

(1)人口數量；

(2)社會公眾知識程度；

(3)社會公眾的求知慾；

(4)社會公眾自行購書的經濟力量。

一般說來，人口增多時，社會對圖書館的需求量便自然增高；但是，如果人們的知識程度在降低，卽使人口增多，社會對圖書館的需求量，也不一定便會增加。由此可見人口數目、知識程度以及圖書館之需求量之間有一定的相互關係。人們知識程度高時，他們的求知慾便可能也相應增高；當人們求知慾增高時，圖書館的使用量便自然會增加，便也影響到藏書增加的速度。如果社會公眾自行購書的經濟力量強，他們必須使用圖書館的頻率便會相應減低；這雖不一定便會減緩圖書館藏書量增加的速度，但一定會使圖書館少買一些複本，甚至不買複本，而去多買一些種類不同的書。反之，圖書館爲了供應社會公眾的需求，必定會多買一些複本，因而減少了購買不同種類書、刊的能力。這幾個因素之間，以及它們與圖書館館藏（册數及種數）之間的相互關係，也是一個有趣而值得研究的圖書資訊學的課題。

㉕　「質」的判斷很複雜，常因各個單位的環境及需求而異，且不免「主觀」的干擾。所以，一般圖書館到目前爲止，仍以「量」作爲一個圖書館優劣的衡量標準之一。圖書館優劣的衡量仍是圖書資訊學的研討科目之一。

中央圖書館和北京圖書館都是國立圖書館，也都是全國書商呈繳出版品的機關。所以，全國出版的品種數量和它們的國立圖書館的館藏，也有一定的關係。

（二）人員：

(1)現有人員：北京圖書館是中央圖書館的17倍。

(2)專業人員：北京圖書館是中央圖書館的14倍。

工作人員數目是這二所國立圖書館之間差別最大的一項。1986年時，中央圖書館的 96名員工中，83.33％是有大學學位以上之資歷，有些且曾經過高、普考試及格的圖書資訊學專業人員。其時，北京圖書館有1,625員工，其中 9.66％是專業人員。但北圖的專業人員，卻不一定都是有大學學位且具圖館資訊學專長的工作人員。根據手邊現有資料，我們知道，「中央圖書館組織條例」自民國三十四年（1945）以來便不曾修改過[26]；而北京圖書館的工作人員數目，在1982年時，只有950人左右[27]，而在1986年時，已有1,625人。顯然，北京圖書館的組織條例是在不斷地修改中[28]。可見，北京圖書館在人事方面，尤其是在編制的擴充方面，較有彈性，而中央圖書館在對比之下，人事方面不免過份呆滯。這可能是二者之間員工數字巨大差異的主要原因之一。

一個圖書館所需要的員工數目，是和該館的藏書數量有一定關係的。但是，藏書量的增加速度，和員工數目需要量的增加速度，可能是不盡相同的。藏書量的增加在一定的數目內，並不一定需要更多的

---

[26] 至少，在1987年時尚未修改。

[27] 〈中國國家圖書館〉，北京，1982，頁2。

[28] 作者在1988年底訪問中國大陸時，聽說北京圖書館員工已近 2,000人之數。

工作人員來維護、來服務；但當「它」超過某些一定數值時，需要的工作人員，便可能會大大地增加。這些一定的數值便可能是「臨界點」(Threshold)。影響這些臨界點浮動的還有其他一些因素，諸如：館藏內容（如：文字、種類等）、館舍建築、行政組織及業務、流通規則及流通量、服務對象及人數、開館時間、服務項目等。所以，不同的圖書館便可能有不同的臨界點，如何去確定這些臨界點，便也可能是另一個有趣而值得研究的圖書資訊學課題。

中央圖書館和北京圖書館的藏書內容應該大致相似。二館的館舍亦俱都新建，設計、裝備均應相似。但大陸電源貧乏，北京圖書館之電梯及空調設置，可能不會經常使用。不用電梯，則需多用人力；不用空調，工作人員易於疲勞，亦需多用人員。再就其它各項因素，就手邊現有資料❷，作表 3.2 至表 3.4，以爲進一步的比較：

表 3.2　中圖、北圖組織之比較

館名　組織	中央圖書館	北京圖書館
業　務　單　位	6	15
分　　　　館	1	1
附　屬　單　位	1	1
職　能　單　位*	4	9
* 諸如：總務處、人事室等		

---

❷　同前註❷。

表 3.3　中圖、北圖服務項目之比較

項 目 \ 館 名			中央圖書館	北京圖書館
參考諮詢	口　　頭		有	有
	電　　話		有	有
	書　　面		有	有
	檢　索	人工	有	有
		自動	有	無
代理服務	代　編　目		有*	有
	代　複　製		無	有
	代　培　訓		無	有
	代　翻　譯		無	有
視聽服務	電　　影		有	有
	電　　視		有	有
	光　　盤		有	有
	錄　　音		有	有
	微　縮　閱　讀		有	不詳

* 中圖有線上合作編目計畫

表 3.4　中圖、北圖業務項目之比較

館 名 項 目			中 央 圖 書 館	北 京 圖 書 館
主辦學術會議	國 內	正 式	有	無
		非正式	有	有
	國 際	正 式	有	無
		非正式	有	有
書刊展覽	國　　　內		有	有
	國　　　際		有	無
縮 微 複 製			有	有
出 版 定 期 刊 物 種 數			7	4
每 週 開 館 時 數			84	72
全 年 使 用 人 次 (1986)			342,459	不詳
流通數量	(1986)		133,256冊 4,416微縮膠卷	不詳
	與 全 部 藏 書 之 百 分 比		大約10%	不詳

當然，中央政府對圖書資訊事業之重視程度，會直接影響到一個國立圖書館人員編制的大小。重視程度越高，編制便應越大；反之，便應越小。但是，中國大陸的社會制度和人口過多的事實，是不是也是北京圖書館人員編制偏高現象的促成因素？

編制人員之多寡，也可能反映了實際需求之大小，而實際需求之大小，和人員工作的效率，也多多少少有點關係。從 3.3 表、表 3.4 看來，二所國立圖書館的服務項目和業務項目是差不多的，差別較多的只是藏書量（1：9.35）❸。在前述「臨界點」未能為二館確定之前，我們很有理由懷疑，二者之間員工數目之差異，可能和二館員工工作效率有關。但無論如何，中央圖書館的員工人數，和它應負的責任和服務相比，是過份地少了！

（三）經費：

　　①總經費：北京圖書館是中央圖書館的1.75倍。

　　②購書費：北京圖書館是中央圖書館的4.12倍。

　　③北京圖書館的購書費是總經費的66.36%。

　　④中央圖書館的購書費是總經費的28.15%。

總經費中，除購書費外，人事經費應為大宗。從二館1985年的經費來看：北京圖書館的經費扣除購書費後，全年經費只有美金1,233,334元；中央圖書館的經費扣除購書費後，全年經費尚有美金 1,507,527元。而二者員工人數幾乎是 1 與17 之比。這個現象可能有下列幾個解釋：

　（1）對北京圖書館而言，藏書可能較員工生活福利重要；而對中央圖書館而言，二者可能是並重的（因為它花費在其他行政

---

❸　書刊冊數合計之比例。

　　及設備上的錢可能較北京圖書館爲高。）。

(2) 如果二館其他行政開銷差異不大，則中央圖書館的員工待遇可能遠較北京圖書館高（最少高18倍?）。

(3) 如果二館員工待遇差別不大，則中央圖書館花費在其他項目的錢（如：電子設備、水電費等）可能較北京圖書館高得多（高18倍?）。

(4) 如果是前三者都不完全正確，則物價的差別是另一個可能的因素（差別18倍?）。

(5) 最可能的是上列四個因素的綜合。

（四）**建築**：據手邊資料，二館新館建築設計大致相似，但總面積差別甚大：

(1)北京圖書館的新館總面積是中央圖書館的4.24倍。

(2)北京圖書館的新館的藏書容量是中央圖書館的 8 倍。

館舍面積之大小，和館藏之大小、員工之多寡以及購書經費之盈缺，均應成正比例。這三項都已在前文中討論過了，不再重複。如果，北京圖書館對購置複本的政策不變，它現有的藏書空間，將可容它有 12.24 年的擴充餘地；而 中央圖書館總館如果維持目前的藏書增長率，它可有 29.5 年藏書增長的餘地❸。且就二館新館之設計作一比較：北京圖書館在1931年文津街館舍落成之後，56年之後，方有能力

---

❸ 以1986年之統計來看：

中央圖書館總館有書750,475冊，刊83,199冊，共計833,674冊。當年新添書刊56,468冊。故：

$$(2,500,000-833,674)\div 56,468=29.51$$（年增長餘地）

而

北京圖書館有書6,471,741冊，刊5,984,077冊，共計12,455,818冊，其每年增長率約616,289冊。故：

$$(20,000,000-12,455,818)\div 616,289=12.24$$（年增長餘地）

另建新館。難道在這新館建築的原始計畫裏，已決定12年後將會擴充建築，或是另建新館？即使政府財力許可，也未免過於浪費。反過來看中央圖書館，它於1954年在臺北復館（南海路），1978年，開始籌建新館，1986年，中山南路新館落成。前後共計32年，與它預留的藏書增長餘地相差無幾。顯而易見，中央圖書館的新館設計，至少在預留藏書增長餘地而言，是較北京圖書館的設計，要有計畫，要高明得多。

　　前文粗略地將中央圖書館與北京圖書館，就手邊有限的資料，加以比較，已然發現了一些有趣而值得進一步研討的圖書資訊學課題。正如其他學科一般，如果我們能客觀而審慎地觀察現象，我們便能發現圖書資訊學中，尚有很多未為人觸及但值得研討的課題。一旦有了課題，我們如果能耐性地蒐集資料，細心地將所得資料加以分析，再將所得的推論，加以深入思考，我們便能為圖書資訊學擴充新的知識領域。

表 3.5　國立中央圖書館近四年預算核列情形比較表（附表）

區分	近四年預算核列情形				近四年增加經費比較	
年度	73年度	74年度	75年度	76年度	增加金額	增加百分比
預算	75,993,000	79,735,000	86,438,000	118,637,000	42,644,000	56.12
總　經費　一般行政	8,664,000	12,317,000	14,479,000	29,806,000	21,142,000	244.02
書刊採訪	10,532,000	10,532,000	10,737,000	14,486,000	3,954,000	37.54
書刊編目	11,771,000	11,971,000	12,395,000	17,247,000	5,476,000	46.52
閱覽及典藏	9,731,000	9,731,000	10,170,000	16,475,000	6,744,000	69.30
出版品交換	11,917,000	11,917,000	13,548,000	14,320,000	2,403,000	20.16
小計	52,615,000	56,468,000	61,329,000	92,334,000	39,719,000	75.49
臺灣分館	23,378,000	23,267,000	25,109,000	26,303,000	2,925,000	12.51

表 3.6　國立中央圖書館預算增加情形比較表 (附表)

年度區分	經列預算 76年度	77年度	增加數	增加百分比	主要說明
總預算	118,637,000	154,239,000	35,602,000	30.01	1.增加新館水電費及維護費。2.增加警衛3人、技工4人，變電室主機室約僱工作約僱2人，裝裱室約僱1人之人事及事務費。
經費項目 一般行政	29,806,000	48,946,000	19,140,000	64.22	
書刊採訪	14,486,000	15,686,000	1,200,000	8.28	增列採訪經費如數。
書刊編目	17,247,000	17,447,000	200,000	1.16	增列書刊編目經費相對減列電腦建檔經費。
閱覽及典藏	16,475,000	22,956,000	6,481,000	39.34	1.增加約聘3人之人事及事務費。2.增列書刊閱覽及典藏各1,500千元。
出版品交換	14,320,000	17,155,000	2,835,000	19.80	增列出版品交換經費郵資1,500千元、漢學中心經費1,335千元。
小計	92,334,000	122,190,000	29,856,000	32.33	
臺灣分館	26,303,000	32,049,000	5,746,000	21.85	

四、圖書館之現代化與電子計算機

現代化之意義

「現代」是一個形容時間的詞，凡是形容時間的詞彙都是相對性的。十八世紀的「現代」是指十八世紀，而在我們二十世紀來看，便是「古代」。二十世紀的「現代」是指二十世紀，對十八世紀的人而言，它是「未來」，而對二十一世紀的人而言，它是「古代」。更嚴格一點來看，1980年代的「現代」，是指1980年代；而在1990年代來看，1980年代的「現代」，就不見得是「現代」了。所以，我們討論「現代化」的一切，都必須有一個時間的範疇。再者，地域的不同，人們知識程度的差異，以及經濟能力、科技條件的高低，在某些地域，某些國家，某些社會，或某些人而言，「現代」可能是另一地域，另一國家，另一社會，或另一些人的「過去」或是「未來」。所以，我們討論「現代化」的一切，不但有時間的範疇，更得有空間、物質條件、以及牽涉在其中人們觀念的範疇。

舉例來說，在美國，很多圖書館都將圖書目錄在線上存儲、檢索，稱爲「線上公用目錄」（OPAC：—Online Public Access Catalog）；都已在利用「唯讀記憶密集碟——光碟」（CD-ROM：—Compact Disc-Read Only Memory）作爲一些重要資訊儲存及蒐回的工

具。而在亞洲和非洲的很多國家裏，利用電子計算機作最基本的、最
機械化的圖書館作業，尚在醞釀或萌芽時期。以這些尚在發展中國家
的環境條件，硬行實施美國式的圖書資訊管理，不免「東施效顰」，不
但不合實際，甚且是根本辦不到的事。我們都知道，電子計算機可以
應用到圖書資訊的作業，但，這並不是說我們必須立即將電子計算機
使用到圖書資訊作業上。舉一個現實的例子來看：如果，我們需要從
臺北市到中正國際機場。爲了滿足這個需要，我們可以有一些不同的
選擇，譬如：

　　　　我們可以步行去，那需一天到二天的時間；

　　　　我們可以騎自行車去，那需要六小時左右；

　　　　我們可乘計程車（或自己開車）去，一小時左右便可到達；

　　　　我們也可以乘直升機去，那只需十分鐘左右。

直升飛機是如此地快速，我們是否便可斷言，直升機是滿足這個需要
最有效的工具？我們是否每次去中正機場都應該乘坐直升飛機？這要
看對什麼人而言，在何種情況來說。換言之，在不同的情況下，不同
的人便可能選擇不同的方式，來滿足一個一定的需要。

　　在我們這個例子中，對一個普通的現代臺北市民而言，步行需要
太長的時間，以現今的時間與金錢的對比，是不划算的；何況，走在
汽車滿途飛馳的路上，安全也有問題；所以，他不會選擇步行。同樣
地，自行車也需要較長的時間，在路上也同樣地不安全。所以，我們
這位現代的臺北普通市民，也不見得會選擇騎自行車去中正機場。再
者，直升飛機固然快速，但對如今一般臺北市民而言，根本是一個可
望而不可及的交通工具。所以，我們這位臺北市民最後的選擇，便可
能是汽車。但是，在二十年前，臺北市民去松山機場，大多數是騎自
行車，或是乘公共汽車。原因很簡單；第一、松山機場在當年臺北市

區邊緣，距離不遠；第二、二十年前，自行車和公共汽車是臺北最普遍、最方便、最經濟的交通工具。

現在，我們可以很清晰地看到「代價」與「效率」(Cost and Effective) 的對比。 如果， 直升機在某個時代的某個社會裏， 已像汽車在我們這個時代、這個社會裏一樣普遍， 當然， 我們每次都應該乘直升飛機去中正機場。如果，如今某政府要人需要在極短的時間內趕去中正機場迎接某國要人，為了避免途中堵車，我們定然會讓他乘坐直升飛機去中正機場。再從另一個角度來看，在我們這個時代、這個社會裏，我們是不是會堅持步行，或騎自行車，而不坐汽車去中正機場? 答案是很明顯而確定的。

這個例子， 很清楚地說明了「理論」是根據「現實」推演而成的。也說明了，任何一個經濟有效的工作程序之制定，都必須:

　　①參照過去（走路、騎自行車也可以去中正機場）；

　　②根據現實（去中正機場的距離，途中的安全，結論: ——汽車是目前最經濟有效的交通工具）；

　　③前瞻未來（也須知道直升飛機的效能）。

近幾十年來， 歐美各國工商界都注重並儘量實行 「經濟效益」(Cost/Effective) 的設施， 講求以最低代價換取最高效能。 圖書館界，亦不例外。表面看來，這個發展和趨勢是自然而應該的。但是，如果我挖得深一點，看得遠一點，我們便會發現，這種發展可能隱有「過猶不及」的危機。 如果我過份重視經濟效益， 便可能養成忽略「前瞻」的趨勢。譬如: 某圖書館在某社會裏，為了滿足讀者對它的要求（特別是對資訊蒐回的時限），便將它的經濟能力（特別是在添置設備和增雇人員方面）作基礎估計， 調查單元工作所需的人/時， 及讀者最低和最高的要求（尤其最低的要求），經過精細計算後，發現

以全部「人工處理」（Manual process），作資訊整理，最爲省錢，也能達到讀者要求的範疇之內❶。根據前面所提到的現代化「手段」而言，這個圖書館便應該盡力改善它的人工資訊整理的工作程序，及其所需的工作環境，以便使這項工作達到最高的經濟效益。它大部的精力便會用在如何去達到這個目標，而對採用較先進的工具（可能代價要高很多），去使這項工作機械化的方法（可能增高不少效率），便可能受到一定程度的忽視。這忽視便可能遲滯了圖書資訊學正常的發展速度。所以，我們不一定要應用當前最先進的科技到圖書資訊之管理；但是，我們卻不可不知道這些科技的功能，尤其是它們的缺陷。

---

❶ 圖書館的經濟能力，及其單元工作所需的人／時，雖是變數，均有軌跡可尋，可以預計；而讀者的要求，則比較難以預料。但我們知道，讀者對圖書館的要求，是和圖書館所提供的服務直接有關，（服務愈好，要求愈高），也和圖書資訊科技的發展有一定的關係。在計算這經濟效益時，我們的目標，是去找出在物質條件的能力範圍內，達到讀者最高要求的方法。當然，如果能以最低的代價達到最高的效率，最爲理想。但代價與效率（經濟效益），通常都可以計算出一個可以爲人接受的效率，而又在經濟能力之內的範疇。後圖是一個簡單計算這個範疇的示意圖：

設： x 軸代表工作效率
　　　y 軸代表工作代價

公式一： $y = a$ 代表對某工作所能付出的最高代價

公式二： $x = b$ 代表對某工作所能接受的最低效率

公式三： $f(x) = x^i$（而 $i > 1$）代表某工作之代價與效率之正常曲線

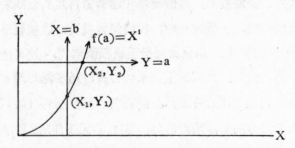

則 (x_1, y_1) 與 (x_2, y_2) 代表某工作經濟效益之二極限。

圖書資訊之自動化

如今，如果我們提到「圖書資訊現代化」人們常常會聯想起「圖書資訊自動化」這個名詞。我們且來看看，「圖書資訊自動化」這個名詞到底是指什麼而言。首先，我們必須瞭解，「圖書資訊自動化」絕不便等於「圖書資訊電子計算機化」；這二者之間，絕不可貿貿然地去畫一個等號。這「不可以」的原因，在下文中會慢慢敍明。現在，且讓我們把鏡頭拉回一個較遠的時代：

語言文字發明以前，某些上古人，為了突破「時空」的限制，也為了幫助記憶，以免遺忘❷，便結繩記事。繩，便是那時傳播資訊的器械之一。某甲結繩記事，過了若干時日，某甲本人，或異地的某乙，見到了這繩結，便會記起，或知道，某甲在當時當地的情況。這繩結，對異地的某乙（或若干時日之後的某甲本人）而言，便是一個可以突破時空限制的人與人之間的溝通工具，也便可能是最早的資訊儲存、傳播自動化（？）的工具之一。為了使「結繩」成為有效的資訊儲存及傳播工具，甲與乙之間便得先有一個默契：什麼樣的「結」代表什麼樣意義。換句話說，繩結必得有一定的格式。所以，今人認為「結繩」可能是「文字」的先驅之一。套用現代術語，「繩」便是那時「自動化系統」的「硬體」，而結繩的方式，以及甲乙之間對各種「結繩」的共識，便是當時「自動化系統」的「軟件」。

語言文字發明以後，語言可以經口傳而突破時空限制。但是，口傳必經「人」口，且不能百分之百保持原狀。文字記在載體上後，除

---

❷　這二項要求，都是「自動化」或「機械化」的主要條件。其他條件包括速度、精確度、大容量等等。

非載體有所損毀，歷時空而不變。這載體及書寫用具，便是資訊儲存傳播的器械，也就是所謂的「硬體」。文字記載，對學習過該文字的人而言，不須再經人為加工，便能傳達當時所儲存（記錄）的資訊。由此可見，如果人們經過一定的訓練，對某事處理的過程及細節，有一個共同的認識及瞭解，正如上古時甲與乙之間對各種繩結的共識，便能利用文字及其載體，作為資訊儲存及傳播的工具。文字的載體，不論是甲、骨、金、石、竹、木、帛、紙、泥簡、獸皮等，都是「硬體」的組成份子❸，而各種文字，便是「軟件」。「軟件」也好，「硬體」也罷，都因時代轉換，科技進步，在不停地變遷。而實際的應用不見得能完全跟上這些硬體軟件的進化。但是，我們卻不可不知道這些軟件硬體進化的過程和程度。

目前，能力最高的「硬體」便是「電子計算機」。正如上古時「繩」，以及稍後的甲、骨、金、石等，我們目前所有的最好的資訊系統的「硬體」，便是電子計算機。所以，如果我們現在說，在二十世紀的八十年代末期的資訊現代化，便是資訊自動化；便是資訊電子計算機化；便沒有人能說我們這個說法不對。因為，我們已加入了「時間的限制」，而使得這個說法合乎實際情況。如果沒有這個時間限制，（例如：「資訊現代化」便是「資訊自動化」便是「資訊電子計算機化」），這個說法便不能成立，正如我們不能說「馬」便是「白馬」一般。

瞭解了這個限制，再讓我們來看看現代的「自動化」（Automation）——「電子計算機化」（Computerization）——究竟是怎麼一回事。舉例來看：

---

❸　刀、筆、墨、硯等，也是「硬體」的組成部分。

　　某圖書館的流通系統使用電子計算機，讀者有讀者卡，卡上有該讀者獨有的「條形碼」(Barcode)，這讀者條形碼能指出在電子計算機的資料庫內，有關該讀者的一切資訊；如：身份、住址、電話號碼等。書庫內的書刊，也都有每書特有的條形碼。這書刊條形碼，能指出在電子計算機內一切有關書刊的資訊；如：書號、書名、著者、年份等。借書時，讀者卡及書刊上的條形碼，均經「掃瞄器」(Scanner) 讀入電子計算機。在電子計算機內，該讀者與該書所有的資訊，便由機器操縱，合在一起，加上當天日期與預定還書日期，另成一檔——「流通檔」(Circulation file)。書刊經解磁器解去磁性後，由讀者攜出，而不觸發警鈴。書刊在期前還回，經掃瞄器將書刊條形碼讀入流通檔，該案便從流通檔中註銷；而該書的書名、著者、年份和主題，以及讀者的身份、姓名等，便自動移入「統計檔」(Statistical file)，以便作日後藏書發展以及其他日常作業的參考。如果書刊在到期時仍未歸還，電子計算機便會自動地印出召回信及罰款單。如果，該讀者有「個人電子計算機」(Personal computer)，由電話線，或其他方式，聯結在圖書館的電子計算機上，這召回信及罰款單，便會由圖書館的電子計算機自動送到讀者的個人電子計算機上。否則，這召回信及罰款單，可由圖書館的收發室，以郵件寄出。

　　這個流通系統是否是一個自動化系統？答案並不一定是肯定的「是」；須得看我們對「自動化系統」的期盼究竟是什麼。如果，我們期盼的是完全不須人工的「全」自動化系統，這答案便應是否定的「不是」。因為，這系統中需人操作的地方尚不少；如：讀者取書、掃瞄器之使用等等。

　　什麼才是一個真正的自動化系統呢？再舉一個流通系統的例子來

看看:

　　某讀者的個人電子計算機，已與某圖書館的電子計算機聯線；而該圖書館的書刊均已「機讀化」(Machine readable)。該讀者只須將所需的書刊有關資訊，經過他的個人電子計算機，傳給圖書館的電子計算機，便可由他的個人電子計算機的「螢幕」(Monitor) 上，讀到該書刊。 如果需要， 也可由聯結在他個人電子計算機的 「印刷機」(Printer) 上，取到印刷出來的書刊。

　　這個資訊系統是否能稱爲「全」自動的資訊系統? 嚴格地說來，這尙不是「全」自動的系統； 因爲輸入我們的需求時， 我們尙須在「終端」(Terminal) 的鍵盤上操作。

　　也許在不久的未來，我們無須人工操作，只要對著終端說需要些什麼，便能很快速地由終端取得所需資訊。這個資訊系統，較前面所描述的系統，更接近「全」自動，但我們仍爲機器的「時、空」❹ 所限制，這個系統仍不能稱爲「全」自動系統。

　　也許在較遠的未來，我們已無須爲機器的「時、空」所侷限；隨時隨地，只要我們一動念,我們的腦電波,便會爲我們的「資訊中心」❺的腦電波接收器收到。而資訊中心的資訊控制器，便會以同頻率的電波，直接將所需資訊，傳入我們的腦內。那個時候，語言文字，因逐漸失去意義及作用，已慢慢地退化了。資訊交流，暢達無阻❻， 人們無法， 也無須， 隱藏任何秘密。也許， 那時世界上的人們， 便可以眞正地和平相處了。

　　上述的幾個系統， 可以供我們作一個比較， 希望也能說明了「自

---

❹　我們必須在有機器的地方，在它開放使用的時間內操作。
❺　那時的「圖書館」。
❻　語言文字，在表達我們的思想時，是有一定的限制的。

動化」究竟是什麼。綜前所述，我們可以得到一些推論，那便是，自動化必須有：

(1) 工具、器械：從上古的繩，到現今的電子計算機等，都是自動化的工具，也就是自動化的硬體；

(2) 一定的方法及規程：從上古結繩的方法，到現今的電子計算機語言，各種程式寫作，「人工智能」（Artificial intelligence）之發展等，都是自動化的方法、規程，也就是自動化的軟件。

除了這兩個必備的條件之外，「自動化」的定義，也隨著其他條件的不同，諸如：其時、其地、其人需求的差異，而有所變遷。但是，在目前這個時代，以及未來的數十年間，電子計算機將是各項工作自動化的最有能力的工具❼。我們不能不知道，這個工具發展的過程，它的能力，它的長處，它的缺點，以及它在資訊系統的範疇內，可能發展的方向。在下文中，我們將逐項地，為讀者諸君，作一個簡單地介紹。

早期的計算機

「自從人類有了數字概念以後，人們便開始製造計算的工具。」中國在公元前，便有了算盤；其他的先民，早在公元前三千年左右，便有了計數的簽。但是，電子計算機卻是電子機械工程發展中的產

---

❼ 參閱 Chou, Nelson. "Information, Library and Library Education." in *Journal of Library and Information Science.* v. 10, no. 1, 1984. pp. 33-39.

物❽。在電子計算機出現以前，也有一些先驅的「計算機」出現過。我們且簡略地看看這些早期計算機發展的過程。

最早的計算機器，是德國人錫卡 (Wilhelm Schickard, 1592-1635) 在1623年製造的。這個機器可以自動地加、減，也可以「半」自動地乘、除。錫卡先生根據以齒輪製造時鐘的邏輯，製造了這個機器。時鐘製造的機械邏輯，是倡自中國，傳至中東後，更發揚光大的❾。

法國人巴斯卡爾 (Blaise Pascal, 1623-1662)，在1643年製造了一個計算機 (見圖 4.1) ❿，可以自動地加、減，並可以將不同幣值的錢幣 (如: livres, sols, deniers)，互相換算。後面的這種能力，便可能是最早的「人工智能」了⓫。

德國人萊比尼茲 (Gottfried Wilhelm Leibniz, 1646-1716) 的計算機，可以全自動地加、減、乘、除⓬。

這三個人製作的計算機，雖未能為當時人們所大量採用，但也影響了不少後來製作計算機的繼起者。

當英國天文數學家巴貝奇 (Charles Babbage, 1791-1871) 製造他的計算機的時候，用機器來作基本的數學運算 (如: 加、減、乘、除) 已經沒有任何問題了。巴貝奇計算機一般被認為是現代電子計算機的前鋒。巴貝奇從查卡 (Joseph Marie Jacquard, 1752-1834) 織布機上得到靈感，用「穿孔卡」(Perforated card)控制機器的運作，

---

❽　Moreau, René, *The Computer Comes of Age*. Translated by J. Howlett. Boston: MIT Press, 1984. p. 5.

❾　同前註❽，頁10-11。（作者按: 我們如今仍然不知道，這半自動的乘除，究竟是怎麼一回事。）

❿　採用自❽，頁137。

⓫　同前註❽，頁14。

⓬　同前註❽，頁14。

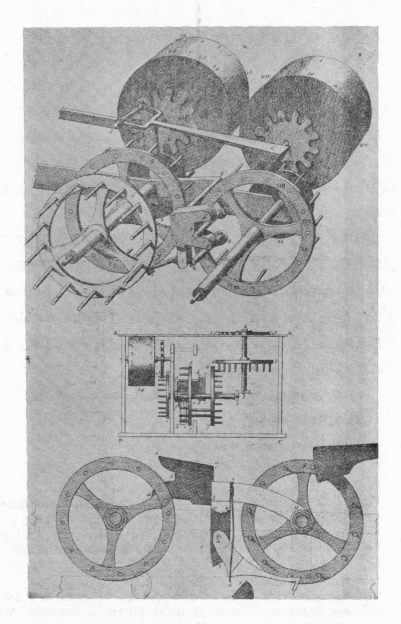

圖 **4.1**　巴斯卡爾計算機，1643年製

使機器能執行一連串複雜的數學和邏輯的「運算法」(Algorithm)⑬。
當時，沒有任何其他機器可以執行這個任務。

查卡在 1805 年製造的織布機（參見圖 4.2)⑭，能以穿孔卡控制
機器織布之運作。 這個織布機運用一張穿孔卡， 控制一個簡單的運
作；一組卡，控制一連串有連貫性的運作。和現今應用到電子計算機
上的「程式」(Program)，便沒有太大的不同了。 巴貝奇計算機是應
用這個原理來製作的。但在一長串的運作中，不時尚須人工介入，不
能完全「自動」；與現今的電子計算機機內運作的「全自動」， 便有
所不同。

1834年，巴貝奇開始設計這個機器，希望它「能解答任何算題，
能推演最複雜的數學分析」⑮，是以，將這機器命名爲「分析引擎」
(Analytic engine)。 他的目標是使該機器能 「通用」(Universal)。
所以， 他將這個機器設計成一個 「數位機器」(Digital machine)，
而爲現代的電子計算機設計，創了一個先例。這個「分析引擎」有後
列各機組單元:

(1) 數學邏輯組 (arithematical-logical unit);

(2) 記憶組 (memory);

(3) 控制組 (control unit);

---

⑬ 運算法 (algorithm) 的特點，是能執行一長串無條件 (unconditional)
和有條件(conditional)的數學和邏輯的指令。譬如: 「無條件指令」;
──執行某項任務; 「有條件指令」: 一如果這樣，便執行那項任務。

⑭ 採用自❸，頁 138。（作者按: 這並不是查卡的織布機， 而是較早的
(1728年) 穿孔卡控制的織布機。但它類似查卡織布機，複製在這裏，
給讀者一個概念。)

⑮ Babbage, Charles. "Letter to M. Quetelet." *Bulletins de l'Acadé-
mie Royale des Sciences et Belles-Lettres de Bruxelles.* May,
1835. v. 2, no. 5, pp. 124-125.

圖 4.2　用穿孔卡控制的織布機，1728年製

(4) 輸入輸出組 (input and output unit)。

這個構想已和現代的電子計算機類似，已為現代的電子計算機的基本結構，定下了一個規模。巴貝奇思精慮深，眼光遠大。但因雄心太大，遠走在他當代科技之前。所以，他的「分析引擎」，始終未能按照他的理想完工⑩。

這時候，計算機已有不少種類。但所謂的「自動乘除法」，都不過是一連串的加減法而已。法國人波勒 (Léon Bollée, 1870-1913)，在1889年，他十八歲時，將乘法表置入機器之內，製成第一架「直接乘法機」(Direct multiplication machine)。1912年，美國人門羅(J. R. Monroe, 1883-1937) 發明了「直接除法機」(Direct division machine)。至此，計算的「機械化」(Mechanization)已到了它的飽和點。進一步的發展，便得等待「機電工程」(Electromechanical engineering) 的進展了。

電子計算機的萌芽期

1890年，美國人郝勒瑞支先生(Hermann Hollerith, 1860-1929)，為美國政府的人口統計問題，設計了一個「打孔卡機器」(Punched-card machine)。使得美國人口統計的公佈時間縮短了不少⑰。為了紀念這個發明，日後用在電子計算機上的打孔卡，便叫做郝勒瑞支卡。這個機器便是日後「機電器」(Electromechanical machine) 的先祖。(見圖 4.3-4.8⑱)

---

⑯　請參閱前註⑧，頁12-19。
⑰　同前註⑧，頁21。
⑱　採用自 Randell, Brian, ed. *The Origins of Digital Computers: Selected Papers.* New York: Springer-Verlag, 1973. pp. 133-139.

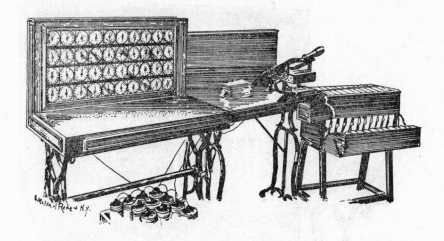

圖 **4.3**　郝勒瑞支電力計數系統

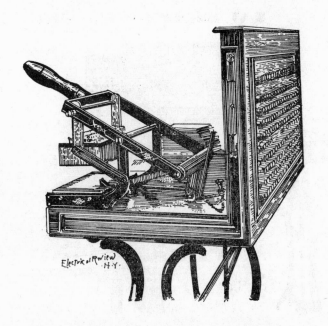

圖 **4.4**　郝勒瑞支電力計數系統：——電流切斷器

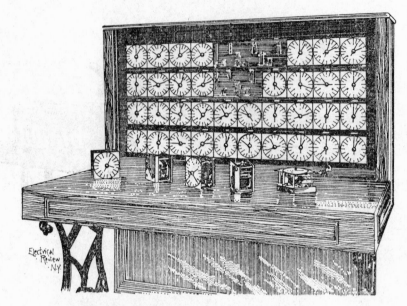

圖 4.5 郝勒瑞支電力計數系統: ——計數器

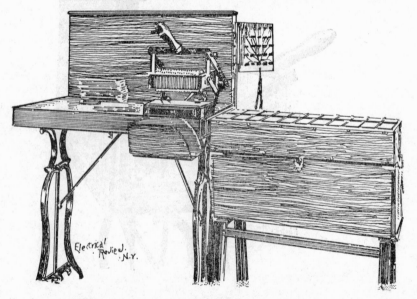

圖 4.6 郝勒瑞支電力計數系統: ——分類排序盒

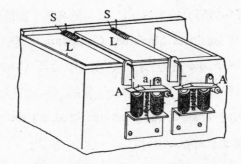

圖 **4.7** 郝勒瑞支電力計數系統: ——分類排序盒解剖圖

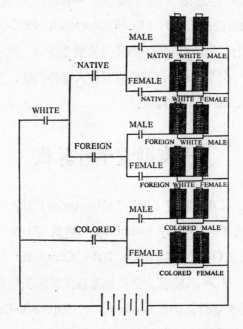

圖 **4.8** 郝勒瑞支電力計數系統: ——組合計數示意圖

郝勒瑞支在1897年離開美國政府機構，建立了他自己的公司，叫做「計數機器公司」(Tabulating Machine Company)。1911 年，公司改組，稱爲「計算計數紀錄公司」(Computing Tabulating Recording Company，簡稱 CRT)。1924 年，在華生先生 (Thomas J.

Watson, 1874-1956) 的倡導下，公司更名爲「國際商業機器公司」(International Business Machines Company, 簡稱 IBM)[19]。

同時，1915 年，西班牙工程師，拖雷司 (Leonardo Torres y Quevedo, 1852-1936) 用法文發表了他的〈試論自動化，它的定義；實用的理論範疇〉("Essai sur l'automatique. Sa définition. Étendue théoreque de ses applications") 一文。他說：「自動化的主要目標，是使自動器能分辨；隨時隨地能將收到，或已收到的信息加以考慮，置入必須操作的程序中。猶如人類一般，能隨時隨地適應環境的變遷。」他更辯斥笛卡耳 (René Descartes, 1596-1650) 對自動化的誤解，他說：「笛卡耳爲一個錯誤的觀念誤導，認爲自動器必須作自己的判斷；其實，是這自動器的製作人在作判斷。」[20] 這段話便制定了今日「人工智能」的範疇。

早期的電子計算機

1939 年，貝耳實驗室 (Bell Laboratories) 爲市場首次創製了一架「二位數機器」(Binary machine)，稱爲「貝耳電話實驗室電子計算機模式 I」(Bell Telephone Labs Computer Model I—BTL Model I)。1944 年，哈佛大學與國際商業機器公司合作，製造了一架「自動順序控制計算機」(Automatic Sequence-Controlled Calculator, 簡稱 ASCC)，別稱「哈佛——IBM 機器」(Harvard—IBM Machine)，實現了巴貝奇當年的夢想。

---

[19] 同前註[13]，頁24。

[20] Torres y Quevedo, Leonardo. "Essais sur l'automatique. Sa définition. Étendue theoreque de ses applications." *Revue Générale des Sciences.* Nov. 15, 1915. pp. 601-611.

　　貝耳實驗室，根據愛爾蘭邏輯學家布耳 (George Boole, 1815-1864) 首創的「布耳代數」(Boolean algebra)，經史提比茲 (George Stibitz, 1904-) 之倡導，創製了 BTL Model I。以「1」（電源接上）代表「有」；以「0」（電源不通）代表「無」；以「OR」表示「加」；以「AND」表示「乘」。機內「資料」(Data) 全部是二位數，可以用布耳代數計算；記憶單位和計算單位由 400 個電話「繼電器」(Relay) 組成。這種二位數計算機有下列各種優點：

(1) 硬體結構簡單；

(2) 易於控制；

(3) 資訊代碼簡潔；

(4) 計算快速。

由於這些長處，現今的電子計算機大多是二位數的機器[21]。

　　哈佛大學與 IBM 的合作，決定於1939年。在愛肯先生(Howard H. Aiken, 1900-1973) 的領導下，於 1944 年製成哈佛──IBM 機器（日後簡稱 MARK I）。這機器是根據巴貝奇原理製成的，那便是，機器操作過程操縱在問題本身的數理邏輯，而不為機械能力所限制。這是一架「十位數機器」(Decimal machine)。在機內，每個數字均有一個二位數的「代碼」(Code)（見表 4.1）。機器全長51呎，高 8 呎（見圖 4.9）[22]，由 800,000 單元組成；「主記憶器」(Main memory) 有 132 個「寄存器」(Register)，另有「乘」、「除」單元；重約 5 噸，每日需數噸冰塊來冷卻它。程式寫在打孔紙帶之上，無須一個指令一個指令地去供給機器（已具「自動」氣象）。每次計算加、減，需時 0.3秒；計算「乘」，每次需時 6 秒；計算「除」，每

---

[21]　同前註[8]，頁27-28、94。

[22]　採用自[8]，頁193。

次需時11.4秒。據愛肯估計，較當時桌上所用的計算器，要快速百倍左右[23]。

表 4.1　十位數與二位數換算示意

十進位數	二進位數
0	000
1	001
2	010
3	011
4	100
5	101
6	110
7	111

圖 4.9　哈佛——IBM 機器1944

---

[23]　同前註[18]，頁30-31。

　　雖然 MARK I 並不是眞正的「電子」計算機，但是，當時一般人都認爲它「是」，而且將它比做「超級頭腦」(Super brain)、「機器人」(Robot)。 1944年10月14日的《美國週報》(*American Weekly*)，曾登載有關這機器的消息，並說：「它能解決人們無法解決的物理問題，電子問題，原子結構問題，誰知道，它也許能解答人類起源的問題。」事實上，該機的部分組成單元，曾爲日後眞正的「電子計算機」所採用。

　　與 MARK I 面世的同一年，費城的賓州大學摩耳電機工程學院 (The Moore School of Electrical Engineering at the University of Pennsylvania)，在莫可萊 (John W. Mauchly, 1908-1980) 和艾卡特 (J. Presper Eckert) 合作下製成「電子數字積分計算機」(Electronic Numerical Integrator And Computer, ENIAC)。 這是第一架眞正的「電子計算機」。該機由 18,000 個眞空管 (vacuum tube)，1,500 個繼電器合成，重約30噸，佔地1,500平方呎，需電量160瓩 (見圖 4.10)❷。據說，當它使用時，費城西區的電燈均將熄滅。但是，它的速度較哈佛的 MARK I 快上 500倍。每次加、減需時 0.2毫秒 (millisecond)；乘、除需時 2.8毫秒。ENIAC 也是一架十位數的機器，用時，事先準備工作甚爲煩瑣❷。

　　1945 年 6 月 30 日，房紐曼 (John von Neumann, 1903-1957)在摩耳電機工程學院，草擬了他著名的〈電子離散變量計算機〔報告〕〉("Electronic Discrete Variable Computer, EDVAC")❷，爲「存

❷　同前註❸，頁32。
❷　採用自❸，頁334。
❷　同前註❸，頁33-35。
❷　同前註❸，頁355-364。

圖 4.10 ENIAC, 1944

儲程式電子計算機」(Stored-program computer) 作了初步的設計。
同時, 也爲後人種下了一個不正確的觀念, 他將 「計算組合單元」
(Computing modules) 比做 「神經細胞」, 以致後來許多人誤將電
子計算機稱爲 「電腦」(Electronic brain)。電子離散變量計算機只是
一個概念, 但這個概念, 卻爲現代的電子計算機之設計打下了基礎。
例如, 1948 年, 在英國曼徹斯特大學 (Manchester University), 製
造的 「曼徹斯特自動數位機器」 (Manchester Automatic Digital
Machine, MADM), 便是根據房紐曼概念製造的。

　　國際商業機器公司, 在 1948 年, 製造了 「第一架電子計算機」
(First computer), 稱爲 「選擇性順序電子計算器」(Selective Sequ-

ence-Controlled Electronic Calculator, SSEC)。它有 13,500 個眞空管，21,400 個「機電繼電器」(Electromechanical relay)。（所以，它也並非完全電子化的。）據說，這機器，每八小時，或做百萬次乘法中，才犯一次錯誤。國際商業機器公司並未將這機器在市場上推銷，只在內部試用。但試用的結果，卻奠下了該公司未來製造電子計算機的信心❷。

到了1940年代末期，人們對電子計算機的概念，在基本上已趨完整; 一個電子計算機必須:

(1) 是一個「數字機器」(Numerical machine)，能以極高速度來執行一系列的「指令」(Instruction); 這些指令合在一起，便是「程式」(Program)。在執行程式時，無需人爲的干介。它必須有一個數學邏輯組。

(2) 有一個控制組，以便控制計算的進行。控制組和數學邏輯組合在一起，便是「處理器」(Processor)。

(3) 有一個記憶組，來儲存資料 (Data) 和程式。

(4) 有一個輸入輸出組❷。

我們可以用圖形 (圖 4.11)❸ 來示意一架電子計算機的組織結構。

---

❷　同前註❸，頁38–41。
❷　同前註❸，頁46–47。
❸　採用自❸，頁46。

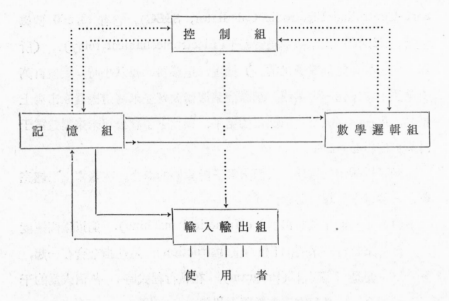

圖 4.11 電子計算機組織示意圖

（實線表示資料，指令之走向；虛線表示控制。）

第一代電子計算機

1950 年到 1959年是「第一代」（First generation）電子計算機時代。這段時間內，值得一提的有下列幾件事：

在 1946 年到 1955年之間，麻省理工學院（MIT—Massachusetts Institute of Technology）與海軍及空軍合作，製造了一個機器，叫做「旋風」（Whirlwind）。「原本是為了訓練飛行員時所需的模擬飛行之控制而製作。後來逐漸發展成了一架能『即時控制』（Real-time control）的電子計算機。」[31] 該機器有 5,000 個真空管，11,000 個

---

[31] 同前註[9]，頁52。

「二極管」(Diodes)，「字長」(Word-length) 16「筆」(Bit)，每作一次16位數的乘法，需時 16「微秒」(Microsecond，百萬分之一秒)。1951年，正式爲空軍採用。它具有下列各項前所未有的功能:

a. 有「磁蕊記憶體」(Magnetic-core memory)。

b. 可輸出「圖形」(Graphs)。

c. 可以「光筆」(Light pen) 與機器交通。

d. 可用高級「程式語言」(Programming language)。

e. 有助理程式組合之軟件。

f. 有查誤程序。

g. 可以電話將資料傳播。

h. 可與別的終端聯繫。

i. 可用來控制空中交通秩序。

j. 具圖形識別能力。

k. 具自動處理文獻能力。

l. 具自動控制機件能力❷。

　　1951 年，雷鳴頓・蘭德公司 (Remington Rand) 在吞併了艾卡特——莫可萊 (Eckert-Mauchly) 電子計算機公司後，推出了舉世第一架商用電子計算機，那便是「通用自動電子計算機壹號」(Universal Automatic Computer I—UNIVAC I)。它是由 5,000 個眞空管組成的十位數機器。 它的主機 (中央處理器——Central Processor) 有八呎高，15呎長，佔地220平方呎，重約五噸。加法需時0.5毫秒，乘法需時 2.5毫秒。它是1960年代之前具有最佳「查誤系統」(Error-detection system)的電子計算機, 它也是第一架使用「磁帶」(Magnetic

---

❷　同前註❽，頁53。（作者按: d. 中之所謂「高級」程式語言乃程式語言中較接近自然語言者。）

tape) 的計算機。爲了加速處理過程，及減少主機一些不必要的額外
負擔，在主機與磁帶之間，另加了一個「暫存記憶」(Buffer me-
mory)。後面這兩樣設置，爲日後的電子計算機之設計及製作開闢了
新的思路❸。

UNIVAC I 的主記憶有 100 條「水銀延遲線」(Mercury delay
line)，每線可儲 10個 12位長的十位數。它的暫存記憶中有 12條水銀
延遲線作爲寄存器。在當時，這種容量可算是相當地「大」。同時，
使用者也能用「鍵盤」(Keyboard) 直接將資訊「寫」(Write) 入它
的磁帶上❹。但因它用水銀延遲線，致使它的「取數時間」(Access
time) 過慢，使得它很快便在市場上消逝了。取代水銀延遲線的是
「靜電管」(Electrostatic tube)，或稱「威廉斯管」(Williams-tube)，
價廉並快速。

房紐曼於 1946年底返回在「普林斯頓」(Princeton) 的「高級研
究所」(Institute for Advanced Studies—IAS) 工作。之後，他發
表了一連串有關製造電子計算機的論文。並於1952年，完成了一架用
威廉斯管作記憶的機器，叫做 IAS。IAS 的設計對後來的電子計算
機工業影響極大。其中之一，便是 IBM 701 的製造。

1953 年，國際商業機器公司用威廉斯管製造了 IBM 701，行銷
市場。它是第一架使用磁帶作爲「助記憶」(Auxiliary memory) 科
研用的二位數機器。它的「磁帶處理器」(Tape Processing Machine
—TPM) 叫做 IBM 726。當時，每卷磁帶能載相當於 15,000打孔卡

---

❸　同前註❽，頁54-55。

❹　這種直接將資訊寫入磁帶的方法，在當時固屬創舉，但未普及，直到
　　第二代子計算機問世的後期，1960 年代初期，「共時系統」(Time-
　　sharing system) 出現後，方才被普遍使用。

(Punched card) 的資訊。

　　同年，　國際商業機器公司也爲商用製造了十位數的 IBM 702。
但只賣出了15架，並未在商業資訊處理上發生很大的衝擊。但因爲它
是第一架「字符機器」(Character machine)，程式員 (programmer)
和使用者可以直接「尋址」(Address) 任何一個「字段」 (Field) 的
任何一個「字符」(Character)；　也可以尋址任何不定數目的一串字
符。不像 IBM 701 (或前此其他機器)，　是「字機器」(Word ma-
chine)，　其中資訊之字的長度必須一致，無法將其組成之字符單獨取
出。

　　威廉斯管固然快速經濟，但易受電磁之干擾，不很穩定。再者，
它們使用的壽命也不長，大約 50 到 100小時之間。所以在1954年以
後，便爲它物取代。　但現代所用的「電荷耦合器」(Charge-coupled
device—CCD)，在原理上是與它相同的。

　　1953 年底，　國際商業機器公司推出了以磁鼓 (magnetic drum)
爲主記憶的 IBM 650 中型機器。磁鼓是一個圓軸，表面塗上一層可
以磁化的物質，　速度較威廉斯管快速，　容量大，　也更爲經濟。 1959
年，通用電力公司 (General Electric Company—GE)，製造的 GE
210，　它的主記憶便是由數面磁鼓組成。但磁鼓的取數速度，　全視它
的轉動速度而定，　無法與「電子器」(Electronic device) 相比。 是
以，在1964年以後，大部爲磁碟 (disk) 取代。

　　1954 年，國際商業機器公司推陳出新，　製造了 IBM 704。它以
「鐵氧體磁心」 (Ferrite-core) 作爲主記憶。 磁心記憶速度極快，
(約爲 12 微秒一轉)。 最初， IBM 704 的容量 (capacity) 是 4K
(4,096) 字，每字長36筆。1957年時，它的容量已增至32K (32,768)
字。在當時，這是一個令人咋舌的容量。但鐵氧體磁心價格高昂，所

以，彼時多與磁鼓同時應用。

為了配合這高速度、大容量的機器，一些新的措施，便因應而生；諸如：「浮點運算」(Floating-point arithematic)，以「尾數」(Mantissa) 及「指數」(Exponent) 來校正了「定點運算」(Fixed-point arithematic) 之可能發生的錯誤；「變址寄存器」(Index register)，可以控制同一運算之重複次數；「監督 程式」(Monitor program)，是「操作系統」(Operating system) 之先驅；以及「公式翻譯程式語言」(Formula Translator Programming Language—FORTRAN)，使得人與機器之間的溝通，更加流暢。它們對日後的電子計算機學㉟ 之發展影響極鉅。

1958 年，國際商業機器公司製造了 IBM 709，它是 IBM 704 的翻新品。這個新機器與 IBM 704 不同之處，是它的兩項新的功能及配備：

(1) 它可以「間接尋址」(Indirect addressing)，使得資料庫中的資料可以有它們自己的「地址」(Address)，而這些地址又可以儲存在另一個地方 (例: 索引)，而被檢索。如此，資料庫之結構以及計算程式之製作，便更加靈活。

(2) 新的輸入輸出 「系統」，使得「共時管道」(Simultaneous channel) 這個概念能得實施，無形中，便也成了「第二代電子計算機」(Second Generation Computer) 的催生劑。

鐵氧體磁心主記憶之使用一直延續到1960年代末期，才逐漸為其他新科技產品所取代。但在這段時期裏，因這種記憶的可靠耐用性，人們方得有時間及心力，去發展其他相關的技術及硬體設置，諸如：

㉟ 「電子計算機學」(Computer Science) 在臺灣已被稱為資訊學(information science)。其實二者絕不相等，也絕不應混為一談。

（1）「呼號」（Paging）軟件技術，使得「記憶」中有層次可循，也使得主記憶之速度，不致爲「週邊設備」（Peripheral equipment）拖累。

（2）「可尋址之助記憶」（Addressable auxiliary memory），爲磁帶、磁碟等，使得記憶容量增大，乃有「虛擬記憶」（Virtual memory）一詞之出現；人們開始以「字符」（Character）數量來計算記憶之容量，而在此之前，都是以筆（bit）來計算的。

此時之主記憶，不但容量大，而且速度大增，（十年內約增十萬倍）。這大而快速的記憶，是現代資料庫（data base）的基石；於企業界之成長，關係密切。

在這段時期裏（1950-1959），由於硬體設置的進步，以及快速的週邊設置，如「矩陣打印機」（Matrix printer）之出現，電子計算機的應用領域也大爲拓廣。以往，人們所不敢夢想的一些應用及研究，如：「人工智能」（Artificial intelligence）、「遊戲」（Game）、「圖形識別」（Pattern recognition），以及「理論之證明」（Proof of theorems）等，也都因爲硬體軟件的發展和進步，邁出了它們「學步」的第一步。現在，我們如果回頭來看當年的一切，常會覺得它們非常的粗糙、原始。但我們必須瞭解這些粗糙和原始，是來自它們當時的粗糙和原始的環境（包括設備及人們的知識和觀念）。如果，我們能靜心地研究一下這些粗糙和原始的成果，和它們當時的環境之間的關連，我們也許可以學到一些很「精緻」事物。不論如何，這些原始的理論，和粗糙的技術及設計，都爲我們如今能擁有的一切，奠下了功不可沒的基礎，指出了一些應行而可行的方向！

再者，與 IBM 705（1954-1955）同時上市的有「磁帶紀錄調配

器」 (Tape Record Coordinator—TRC)。TRC 有它自己的暫存記憶。使用時，可以節省中央處理器化在控制輸入輸出的時間。這樣，「管道」 (Channel) 觀念的實施便能以跨出了第一步❸。IBM 705 是國際商業機器公司在早期較賺錢的商品，主要便是因爲它可以和數架 TRC 連接使用，是當時最有能力的商業資料處理機器之一。

與之同時，「美國收音機公司」 (Radio Corporation of America—RCA) 製造了 BIZMAC 機器。雖然這個機器在商場上並不成功，但它有幾件新的措施，卻是值得我們注意的

(1) 它可與 200條磁帶連接使用，減少了人工在適當的時間，爲主機挑選含適當資訊的磁帶之麻煩。

(2) 它可與許多衛 星電子計 算機連線操作。「 電子計算機網 」 (Computer network) 這個觀念，首次付諸實施。

(3) 它可識別「紀錄」 (Record) 終點的特定符號（諸如 1 ），使得載體上的紀錄不必有 「一定的長度」(Fixed length);影響了日後電子計算機的設計。

(4) 它是應用「資料庫」這個觀念最早的機器之一。

但是，由於這機器的設計走在了時代的前端，當時很多的科、技都跟不上它。正如很多「先驅者」一般，在當時都不是很成功的，但卻爲來者舖了路。

第二代電子計算機

❸　「共時管道」是眾多管道在「系統」(System) 的控制下，使得快速的「主記憶」不致respect. 速度慢的「週邊」之拖累，而「空閑」下來。而控制的系統，也能以優先順序，來安排主記憶處理各項不同工作的先後次序。這項措施，實是第二代電子計算機之「與前不同」的主要特色之一。參閱前註❽，頁116。

　　第二代電子計算機的時代大約是1959年至1963年。一般說來，它和第一代電子計算機之間最大的差別，便是它們中央處理器的組合的成分及所用的材料的不同。第二代電子計算機以「晶體管」(Transistor) 組合。而晶體管卻是以「半導體」(Semiconductor) 爲材料的。早在 1930 年代裏，物理學家便已發覺一些半導體如「鍺」(Germanium)，「硒」(Selenium) 等，可以單向導電的特性。 1945 年左右， 人們便已知道可以利用這些半導體的特性， 來製作 「擴音器」(Amplifier) 的「射極」(Emitter)，「收集極」(Collector)，和「基極」(Base)。 1947 年元月27日， 貝耳實驗室的三位物理學家， 將他們製造的第一支晶體管， 呈獻給貝耳實驗室㊲。 他們是巴定 (J. Bardeen)，布拉坦 (W. Brattain)，和沙克利 (W. Shockely)。這第一支晶體管是以鍺爲原料的。晶體管體積小， 耗電少， 散熱也少。最初十年間， 晶體管多以鍺爲原料， 但逐漸爲「矽」(Silicon) 所取代。因爲，矽在氧中加熱時，可形成一層薄薄的石英晶體。這層石英晶體不但能隔絕電源，且具保護晶體管本身的作用。

　　1960年初期，「平面技術」(Planar technology) 出現。 使用矽時，人們可將射極、收集極、和基極置於同一平面，體積大爲縮小，可以製成「集成電路」(Integrated circuit)。 這便促生了 「微電子學」(Microelectronics)。 自此之後， 每五年， 集成電路的體積便可縮小十倍（見圖 4.12, 4.13, 4.14, 4.15)㊳。

　　首先使用晶體管的，是1950年爲氣象學製成的「標準東方自動電子計算機」(Standard Eastern Automatic Computer—SEAC)。它也不是單純使用晶體管的，亦參用眞空管及二極管。但因焊接不良，

㊲　同前註㊶，頁89。
㊳　同前註㊶，頁144-147。

圖 4.12 第一代電子計算機電路: 眞空管

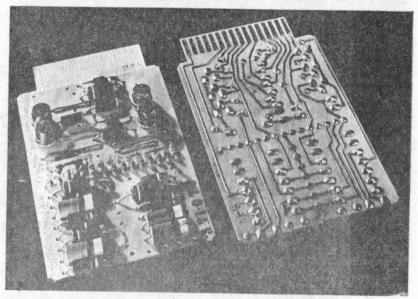

圖 4.13 第二代電子計算機電路: 晶體管

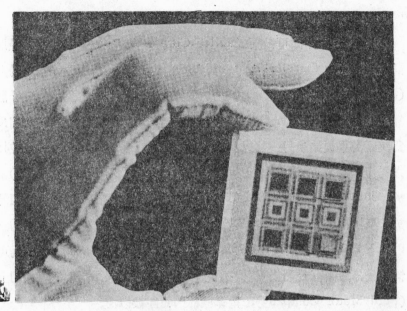

圖 4.14　現代電子計算機電路：晶片

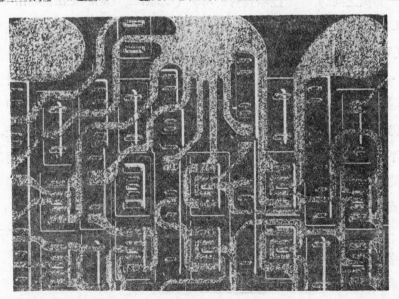

圖 4.15　晶片在顯微鏡下：顯示區約百分之一吋

常常發生故障。不能算是成功的例子。

1954 年，菲爾可公司 (Philco Corporation) 創製了「表面壘層晶體管」(Surface-barrier transistor)，以之為美國「國家安全局」(National Security Agency) 製造了第一架純以晶體管為主的電子計算機，稱為 TRANSAC S-1000。之後，於 1956 年，菲爾可公司又為美國海軍製造了另一部以晶體管為主的電子計算機，CXPQ；並以之為範本，在 1957 年製成 TRANSAC 2000 (又稱 Philco 2000)，於1960年上市。恰巧 IBM 7090 亦於是年宣佈上市。菲爾可公司乃於 1963 年，改裝 Philco 2000，另加較快速的中央處理器，稱為 Philco 212，以之與 IBM 7094 和 CDC 3600 競爭，很具成效。可惜的是，菲爾可公司後因財務困難，整個公司賣與「福特汽車公司」(Ford Motor Company)，電算機部門隨即被撤消。

與之同時，「控制資料公司」(Control Data Corporation—CDC)，由一批自雷鳴頓·蘭德公司出來的員工，在威廉·諾瑞司 (William C. Norris) 的領導下組成。1958年左右，該公司元老席莫·克雷 (Seymour Cray) 設計製造了 CDC 1604。這部機器的計算邏輯單元是由 25,000晶體管及 5,000支二極管構成；但它的記憶單元仍是用鐵氧體磁心；容量為 32K 字，每字長48筆。該機器製成後，不帶軟件，以極低價格售與各大學，很受歡迎，因為各大學正好將以此作為一個「挑戰」，來為它製作各項軟件及程式。這便影響了控制資料公司日後發展的方向。

自1959年 6 月起，不少公司宣佈了它們的「純」晶體管的電子計算機，以時間為序有下列各種：

通用電力 (General Electric—GE) 公司之 GE 210；

國際商業機器公司之 IBM 1401, IBM 1620, 以及 IBM 7090；

國家現金寄存器 (National Cash Register) 公司之 NCR 304；
以及

美國收音機公司之 RCA 501

這些機器紛紛出籠後，電子計算機之「第二代」於焉開始。

大型機器

自鐵氧體磁心發明後，人們便有了大容量的記憶；由於晶體管之
創製，人們便有了快速而耐用的電路。於是，計算機之設計者便能以
全付精力投入如何改善這些電子計算機的用途。首先，使得這些機器
能更適應使用者的需求，便為大公司及多用途的使用者，製造大而多
能的機器，如 IBM7090；便為小而專的使用者，製造簡單而專門的
機器，如 IBM 1401。更以「分批處理系統」(Batch-processing
system) 來減少不同工作之間所浪費的時間，因而增進工作效率。更
發展了「共時系統」(Time-sharing system)，以供不同的使用者，
能同時共用一部機器及同一資料庫。

為了要有一部比當時任何機器都要快上百倍而不易發生故障的機
器，美國原子能委員會 (Atomic Energy Commission—AEC)，在
1956年，向各大電子計算機公司發出邀請函。面對這個挑戰，通用電
子計算機 (Universal Automatic Computer—Univac) 公司，於1959
年製成利弗莫爾自動研究計算機 (Livermore Automatic Research
Computer—LARC)；國際商業機器公司 (IBM)，於 1960 年製成了
IBM 7030，又稱 Stretch；法國的「公牛」(Bull) 公司，於 1960 年
製成 Gamma 60。這三部機器是第二代電子計算機的先驅者，雖它

們在市場上的成就不大⑲，但它們的一些設計，卻爲後來的電子計算機開闢了新路。因爲它們是爲科學上應用而設計的，所以，它們必須有處理大量資料，計算複雜問題的能力。這便導致了人們對下列幾個問題的深思：

(1) 這種機器應是「二位數」(Binary) 機器？抑或是「十位數」(Decimal) 機器？

(2) 它應具有何種型態的「助記憶」(Auxiliary memory)？

(3) 當輸入輸出量必須大增時，我們應如何設計控制輸入輸出的系統？

深思的結果，便是日後電子計算機發展的指標。現在，針對上面三個問題，且讓我們來看看這三個「先驅者」是如何應對的，以及它們自身的優點和缺點：

Stretch:

(1) 它底「字」(Word)的結構與前不同。它的基本字長爲64「筆」(Bit)，由 8 個 8 筆的元素組成。每一個 8 筆的元素代表一個「字符」(Character)，或其他符號，如：標點、邏輯、運算符號等。由於大、小「字母」(Alphabets)，加上其他符號，總約有150個左右。8 筆元素，可有 $2^8 = 256$ 種不同的組合，是敷用的最小基本元素⑳。這 8 筆的基本元素，便是日後的「字節」(Byte)。

(2) 它是首用「磁碟」(Disk) 作爲「助記憶」的機器。它並有一個控制「磁帶」(Magnetic tape) 的系統叫做 TRACTOR，

---

⑲ LARC 賣掉 6 部，每部售價 6 百萬美金；Stretch 賣了 8 部，每部售價 8 百萬美金；而 Gamma 60 只造了12部。

⑳ 6 筆，則 $2^6 = 64$，而 7 筆，則 $2^7 = 128$；均不夠處理西文之用。

可以控制 640卷磁帶。每卷磁帶可載六千萬字符的資訊（約等於一本數千頁的書籍）；而其「讀和寫」（Read and Write）的速度，每秒約150萬字符。

(3) 它的「字」、「字節」及「筆」的基本組織，使得「尋址」（Addressing）的各種問題，簡化不少。

(4) 它的運算簡潔。它可以「十位數」處理簡單的資料；亦可以「二位數」運算複雜問題。

(5) 對於「浮點運作」（Floating-point operations），它有特殊的設計，使得運算的精確度，更為增高。

(6) 它有強有力的「中斷控制系統」(Interrupt-control system)。使得「多道處理」❹這個概念變得可行。

(7) 它有「工程師控制臺」（Engineers' console），以便工程師不離控制臺，便能察知一些機器故障，並卽在控制臺上將之修理更正，而不須將整部機器停止運作。這便成了日後許多大型機器的標準設施。

LARC:

(1) 如 Stretch 一般，LARC 的「字」也很長，有12個「十位數」的數字（digit），以保證運算的精確。

(2) 它有一個「輸入輸出控制器」(Input /Output Controller—IOC)。這個 IOC 本身便是一部電子計算機。這種設置，不久便為大多數的電子計算機廠商所採用。

(3) 它的「多道處理」有兩個層次：

---

❹　「多道處理」的意義，是指數個單元可以同時以單一，或數個，程式（programs）運作，而每一單元都可自同一資源（如 memory）中取數。它是「共時」（Time-sharing）與「網路」（Network）的先驅。

1. 它有一部專用作控制輸出的電子計算機，以便增進「中央
   處理器」(Central processor) 的效率。

2. 它有兩個獨立單元的中央處理器。原意是欲將處理的速度
   提升兩倍。但是，實施上的困難，使它們未能達到，不須
   人力干預，便能自動地完全分工合作的目的。

(4) 它有「總線」(Bus) 之設置，以便資訊能順暢地通行於各單
   元之間。這種設置，如今不在使用。

(5) 它也有如 Stretch 一般的「工程師控制臺」。

Gamma 60:

(1) 它的「主記憶」是分段的，最多可有 8 段；每段可容4,000字；
   每字有27「筆」，其中三筆是作控制用，實際字長24筆，稱
   做「鏈」(Catènes)。每「鏈」可代表一個24筆的「二位」
   數字 (Binary number)，或6個「十位」數字 (Decimal
   digits)，或4個6筆的「字符」。這種以「鏈」為單位的作
   法並不成功。作為一個「基本字」(Basic word)，它太短；
   用來作「字符」之代碼，又嫌太長。但是這個主記憶設計的很
   好，很適於「多道處理」(Multiprocessing)；因它不僅能暫存
   正在處理中的資訊，亦可暫存正交流於各單元之間的資訊。

(2) 它的「多道處理」與其他機器不同，是由下列各獨立運作單
   元形成：

1. 輸入輸出資訊之控制設備。

2. 「處理單元」(Processor) 是由一個「十位數」的「數學單
   元」(Arithematical unit) 及一個「模七餘數」(Residues
   modulo 7) 核算單元組成。後者乃屬創舉。

3. 分析「指令代號」(Instruction codes) 及「邏輯語句」

(Logical statements) 的「邏輯單元」(Logical unit)。

4.「翻譯單元」(Translator) 來作代號之間的通譯、資訊組合 (packing of information), 打印格式設計(page layout), 以及「顯像」(Display)。

它們都有自己的「記憶」；所以，它們都能和「主記憶」隨時交換必須之資訊。

(3) 它有特殊設計的「電路」(Circuits)來作各「處理單元」之間的「調配」(Coordination)。將運作單元的資訊收集，然後運送至「主記憶」或「調配電路」(Coordinating circuits)者，是謂「集合電路」(Collecting circuits)。另一電路可將中央單元處理過的資訊分送至各運作單元。這些「電路」都有「選擇機能」(Selection mechanism)，來決定調配運送的優先順序（譬如：從速度較慢的單元出來的資訊，先集聚，較晚運送。)以增加整個系統的工作效率。

(4) 它的設計在許多方面都是非常新穎的，但因後列各項缺點，使得它在市場上的銷售不很成功：

①耗電量太大。

②使用者必須事先研究運作程序，以便決定有那些「工作」(Tasks) 可以同時操作。這是非常困難的。

③它不能使用當時的一些「高級語言」(High-level languages), 如: FORTRAN, COBOL (Common Business-Oriented Language) 等，使得前項②工作更形艱難。

這最後二項缺點（② 和 ③）與「公牛」(Bull) 公司的財政困難有關。

這三部機器，內部構造極為複雜，每部的「電路」都有好幾萬

條，設計極端困難。國際商業機器公司和通用自動電子計算機公司，都曾動用了「電子計算機」來輔助設計電路和它們的「接頭」(Connections)，便產生了「電子計算機輔助設計」(Computer-Aided Design—CAD) 這個名詞。

IBM 7090, 7094:

1958年，美國國防部，為了能儘速分析它的反飛彈國防系統——「彈道導彈早期警報系統」(Ballistic Missile Early Warning System —BMEWS) 所提供的資料，乃向各大電子計算機公司招標。國際商業機器公司乃製造 IBM 7090 以應。於1959年11月前，如期交貨。這部機器基本上是根據 IBM 709 改造而成。因為彼時國際商業機器公司已有了 Stretch 的經驗，無須另行創新，是以能很快地便將IBM 709 改進：——速度增加了5倍，計算也更精確；便稱之為 IBM 709 TX。之後，為了與 CDC 1604 競爭，國際商業機器公司將這部機器更名為 IBM 7090，推上市場。當時，共造了 400 部機器，每部售價約美金 3,000,000 元左右。這機器為國際商業公司帶來了不少財富及名聲，也證實了機器之間的「兼容性」(Compatibility) 的價值。這部新機器不必像 IBM 704，或 IBM 709，一般需用「油」來冷卻，它是以「水」冷的。

1962年，國際商業機器公司將 IBM 7090 改良，製成速度較快速的 IBM 7094。二者之間的差異，除速度之外，最主要的便是 IBM 7094 有7個「寄存器」(Register)，而 IBM 7090 只有3個「寄存器」。

為了拓廣市場，國際商業機器公司於 1962至 1963年間，將 IBM 7090 及 IBM 7094 改裝，能力削弱；更名為 IBM 7040 及 IBM 7044，以極便宜的價格售出，而受到廣大的歡迎。這二部新而較小的

機器可以和 IBM 7090 及 IBM 7094 以「記憶聯線」(Memory-to-memory link)。它們通常都用來作爲 IBM 7090 及 IBM 7094 的「週邊設備」(Peripheral equipments)，來控制「輸入輸出通信量」(Input/Output traffic)。

小型機器

第二代大型電子計算機爲我們創製了「工程師控制臺」，更創立了「管道」、「字節」及「多道處理」的「新」觀念。這些都是如今我們「操作系統」(Operating systems) 的先決條件。這些大型機器固然新穎、有能力，但因價格關係，不能爲大多的羣眾使用。對推廣「電子計算機認知」(Computer literacy) 而言，它們是不如一些小型、經濟，但能爲社會大眾普遍使用的機器，如：商用的 IBM 1401,「卽時機器」 (Real-time machine) PDP I (Programmed Digital Processor I)，以及科研用的 CAB 500。茲將它們一一介紹如次：

IBM 1401:

IBM 1401 是一部「字符機器」(Character-machine)。它的設計者創製了「字標誌」(Word mark)，可以用來標示一個「紀錄」(Record) 的結束。它原有的輸入輸出器是 IBM 1402，只是一部「讀卡打孔機」(Card reader/punch)。但是，IBM 1401 的容量可以增大，能力可以增強；我們可以將之加裝 10 個磁帶「傳送裝置」(Transports)。所以，它經常被用來作爲大型系統的「輔助機器」(Auxiliary machine)。這部機器的最大貢獻，是它眞正地將電子計算機設置帶進了商業界。它也是第一部銷售量超「萬」部的電子計算機。

PDP I:

PDP I 是「數字設備公司」(Digital Equipment Corporation—DEC) 製造的「小型電子計算機」(Minicomputer)。它不僅體積小，也不需空調。 在當時所有低價電子計算機中， 它是最好的 「即時電子計算機」 (Real-time computer)， 也是第一部在市場上能買到的具有繪圖功能的電子計算機。 它能利用 「高速管道」 (High-speed channel)，直接向「記憶」「取數」(Access); 突破了當時因磁碟尚未普遍使用，而必須「順序取數」(Sequential access) 的困境。

CAB 500:

CAB 500 是法國製的科研電子計算機。 它雖不是 「微程式」 Microprogram的始用者，卻是最先可使用「微程式控制的」(Micro-programmed)， 及「可編微程式的」(Microprogrammable)的機器之一。這種機器的「基本運作」(Elementary operations)， 大都不是以「電路」事先製成， 所有的「微指令」(Microinstructions)都是存儲在「記憶」之中。因此， 「控制組」只須將工作的控制在「寄存器」間移動， 便可完成複雜的運作。如此， 程式設計員便有較大的發揮空間， 而不爲製造商所選之代碼所限。這種機器便能更適應於特定的應用。但是， 這種作法， 必須先使自「記憶」中取數的時間儘量縮短。故而， 在 IBM 360 系列的電子計算機於1964年推出市場之前， 「微程式設計」(Microprogramming) 並無太大的發展[42]。CAB500 的微程式和其他程式一同存儲在它的「主記憶」「磁鼓」(Drum) 之中，而磁鼓的「取數」速度有一定的先天限制， 這便可能是 CAB 500 在市場上未能十分暢銷的原因之一。

---

[42] IBM360系列的電子計算機的「主記憶」， 全由鐵氧體磁心組成， 取數時間， 雖仍不能與「控制電路」(Control circuits)完全同步， 但亦相差不遠。

其他硬體軟件之發展

電子計算機製造商爲了發展改進機器之間的「兼容性」，便以「微程式」來製作「倣眞器」(Emulator)；至此，「微程式設計」乃爲人廣泛使用。霍尼威爾公司(Honeywell Corporation)的Honeywell 800 便是一個好例子，它以微程式倣效 IBM 1401，因而在市場上得以暢銷。

爲了使他們製造的機器更能符合使用者的需要，電子計算機製造商便不得不發展各式的體系結構（architecture）以應。「微程式設計」便是其中之一。但是，改進電子計算機的體系結構並不能保證使用者的滿意，必須同時還得發展一些精良的「軟件」(Software)，諸如：「分批處理系統」中所需的「監控器」(Monitor)、「並行操作」(Concurrency)、「中斷控制」、「輸入輸出處理」(Input/Output processing)以及「多道程式設計」(Multiprogramming)。

「監控器」主要的作用乃在執行程式。爲了減少人爲干擾所可能造成的失誤，「連接監控器」(Link-monitor)應時而生。初期的監控器固然減少了不少人爲的失誤，但也造成了系統的僵化，使得在必要時插入一個非事先預定在程式中的工作，變得異常困難。在1964年至1974年的十年間，這個困境方才逐漸消逝。

「並行操作」使得系統中各種快慢不一的單元不致過分牽制彼此，而慢的單元不致過分影響快速單元的速度。但是，並行操作必須先在系統內有獨立而又能同時操作的單元，還得有「中斷控制」的能力。

「中斷控制」是 Stretch 的特點之一。爲了這個功能，乃有「時標」(Mask) 之創製；以便程式設計員可以用來指出一些特定的條

件。當這些條件逐一符合時，一個正在運作中的程式便會被干擾，而中斷。

一般說來，「輸入輸出處理」系統是爲了處理下列事項而製：

(1) 指出何種週邊設備在何時啟用；

(2) 檢查卽將被使用的週邊設備是否已在「待用」；

(3) 啟動（Start）傳送「信息」（Message）的機能；

(4) 查核「信息」是否已經傳送完畢；

(5) 將「信息」組成「字詞」（Word）；

(6) 在「記憶」中找出適當的「位置」（Location）來存儲已組成的「字詞」。

當週邊設備的種類及數目增多時，計算機本身與它的週邊設備間交換資訊的速度必得增加以應。1960年代初，週邊設備與計算機本身的「線上」（On-line）操作拖累了計算機本身的速度，乃有「離線」（Off-line）操作之實施。 到了第二代計算機的末期， 離線操作的設備愈來愈多；電子計算機本身已不能算是一個運作組合中最重要的成員，「電子計算機系統」（Computer system）一詞於焉誕生。

爲了調和中央處理器和其週邊設備間速度之參差不齊，便有「暫存記憶」之創製。但是，這種設施也會遲滯中央處理器的速度，遲滯的主因是「傳送」（Transfer）速度不夠之故。因之，乃有「共時管道」的想法。 1958 年， 國際商業機器公司將 IBM 709 推上市場時，宣稱該機器可有六個「管道」，可以在不致干擾正在運作的情形下，作輸入及取數的工作。 自此後， 管道使用之調配亦可有 「優先順序」（Priority order）之製作。 一般公認， 「管道」設施可以說是這個時期（第二代）對電子計算機科學（computer science）之發展，最大的貢獻之一。

　　但是，「管道」之設，增加了「程式設計」(Programming)的困難。為了不增加程式設計員的負擔，乃有「輸入輸出系統控制系統」(Input/Output Control System—IOCS) 之設，像 IBM 7094 的 IBSYS 便是一個很好的例子。在 IBSYS 系統中，「監控器」將「控制」交付與「程式」之前，先讓 IOCS 處理，IOCS 便會使適當的「週邊設備」來讀入「資料」(Data)，然後，再「啟動」「程式」。當資料均已讀入「記憶」後，IOCS 便會將「控制」交與「程式」。

　　儘管有以上各種設施，計算機的「解題能力」(Throughput) 仍然趕不上時代的需求。因為，有時一個「程式」可能需要大量「資料」，但在 IOCS 的調配下，輸入的「運作」(Operation) 可能跟不上計算機中央處理器對資訊的需求速度。這時，計算機便得等待，等待便是浪費。為了減少這種浪費，只有同啟動另一程式，這便是「多道程式設計」。「多道程式設計」可以使幾個「程式」輪流在一個「中央處理器」上操作，而其他的「運作」，仍可在這系統中的其他單元（如輸入輸出組）同時操作。如此，中央處理器的能力便可大為增強。它之與前述「多道處理」(Multiprocessing) 不同之處，便是它的各種不同程式，都是在「同一個」「中央處理器」上操作的。這種能操作執行「多道程式設計」的電子計算機必須是經過特別設計的，它必須要符合下列各種條件：

　（1）它的主記憶必須有足夠的「容量」，能存儲多種程式，並能執行這些程式和它們所需的「資料」(Data)；因而，它的「取數時間」必須非常快速，以免在存儲及「召出」(Recall) 這些程式時，花費太多時間。

　（2）它必須有足夠的「控制臺」(Console)，「顯像螢幕」(Display screen) 等設備。

(3) 它必須有極有效的防護措施， 以便保護記憶中之 「地址」
(Address)， 以免不同程式在互相干擾時所可能產生之失
誤。

(4) 它必須極端地可靠，不生故障；因爲， 「硬體」(Hardware)
的故障會導致結果的誤差。在「多道程式設計」的情況中， 這
硬體的故障， 可能導致這些程式任何一個程式發生誤差， 而
這些誤差發生的情況， 又全無軌跡可尋， 是以， 極難校正。

(5) 它必須有特製的 「軟件」 來幫助它操作執行， 譬如： 「操作
系統」 (Operating System—OS)。 但是 「操作系統」 是在
1964年時， 方和 IBM 360 系列的電子計算機一同製成的。

資訊網(information network)先決條件之形成

「分批處理」，特別是它的衍生物——「並行處理」(Concurrent
processing)， 使得電子計算機的 「解題能力」 大爲增進； 所以， 很快
便爲公眾接受， 普遍使用。 但是， 「分批處理」 有一個先天的缺陷，
那便是使用者必須忍受的「躭延」(Delay) 及等待； 因爲， 所有的程式
必須分批處理， 操作員 (operator) 按先來後到， 或特定之 「優先順
序」， 分批讓電子計算機去處理。一個使用者常常在一天之內需去電
子計算機中心好幾趟， 去查詢他的 「程式」 是否已經電子計算機處
理過了； 但大多數的時間， 得到的結果只是電子計算機 「診斷的」
(Diagnostic) 信息， 譬如： 程式少了一個 「句點」， 或在 「句點」 的
地方誤用的 「逗點」 等。然後， 他便得儘快地跑到最近的「卡打孔機」
(Card punch) 處， 將那些錯誤更正， 然後再趕去將 「程式」 重新排
隊。 這種 「排除錯誤」 (Debug) 的過程， 是早期電子計算機使用者
共同的噩夢。 這個噩夢， 直到 「線上操作」 (On-line operation)爲

人普遍使用之後，方才逐漸消失。但是，「分批處理」直到如今仍有它一定的價值，但多半都用在沒有時間限制的工作上；諸如：製作工資單，應收賬款單等。這種處理方式，在美國也引致了一個新興的行業──「服務局」(Service bureau)，他們出賣「機器時間」(Machine time) 給一些小公司，這些公司需用電子計算機，但又沒足够量的工作來作理由，去買一部專用的電子計算機。這種情況下，與其他小公司共用「服務局」的電子計算機，是經濟而又實惠的。

共時系統 (Time-sharing system):

用「分批處理」系統的人，常常會有不愉快的感覺，會覺得「機器」的時間比「人」的重要。於是人們便開始探索一種「共時系統」；這種系統在使用時，用者不會覺得還有其他人在共用這同一部機器。1961 年，柯百圖 (F. Corbato) 在麻省理工學院 (MIT)，爲 IBM 709 及 IBM 7090 所研製的「兼容共時系統」(Compatible Time-Sharing System—CTSS)，便是一個最好的例子。這是一個「直接存取」(Direct access) 系統，它可以應用者之請，將適當的「程式」自「後備儲存器」(Backing store) 中取出，將之執行，把結果送至用者的「終端」，再將用過的「程式」送回原處。同時，在執行這些任務的過程中，它也隨時在準備回應其他「終端」送來的「請求」(Request)。這種系統也可以稱作「對話式的」(Conversational) 系統；因爲，它容許用者與機器之間有「問答」(Question-and-response) 性的「對話」。它同時也是一個「交流的」(Interactive) 系統；程式設計員可以干擾一個正在運作的程式，去改變其中一個「指令」，或是一項「資料」。自從 IBM 370 系列的電子計算機推上市場後，這種「共時」系統，便成了標準的「模式」(Mode)。

線上系統 (On-line system):

第二種「直接存取」系統，便是「線上系統」。它是一種「資源共享」(Shared-resources)、「對話式」的系統，但並不一定有「交流」的能力。通常，這系統的使用者不僅共享一個資源，且需面對相同的問題。最著名的線上系統是國際商業機器公司和美國航空公司 (American Airline) 合作的研究計畫：「半自動商用環境」(Semi-Automatic Business-Related Environment—SABRE)。在1956年與1962年之間，這兩家公司為預定機位研製了這個系統。這個系統每年約可處理二千六百萬次電話訂位。它與旅行社的 1,200 個「終端」聯線，最多時，可同時處理30個「程式」，替美國航空公司節省了不少不必要的浪費。

SABRE 有一個「資料庫」(Data base)，也有一個「通訊系統」(Communication system)。它為現代的資訊科技開創了一個先例；它的許多特別設施，諸如：專用硬體 (dedicated hardware)，管理程式 (supervisory program)，資料庫管理系統、通訊網 (communication network) 管理系統，整個系統的「定向」(Orientation) 以便一些毫無電子計算機經驗及知識者的使用等。這些設施仍然是今日「線上系統」的模式。

共時系統與線上系統之異同：

「共時系統」和「線上系統」自始便有許多共同之處，例如：共用一部電子計算機；用者不覺得尚有其他的共用者等。但他們也有不同之處，茲就「線上系統」之特點敍述於次：

(1) 用者不作程式設計，亦不需知道如何作程式設計。

(2) 需處理的工作及它們所需處理的次數，均須事先知道。

(3) 任何工作所需的「資源」(Resource) 必事先知道。

(4) 對任何「詢問」(Inquiry)，必須立即回應，即使必須等，

也不應超過數秒鐘之久。

(5) 取數必自「檔案」(File)，而檔案之「格式」(Format) 必須一致，格式之數目亦不應太多。

(6) 檔案的「組織」(Organization) 有一定的規格，而程式之設計必爲「卽時處理」(Real-time Processing)。

資料通訊 (Data communication):

改良用者與其不在身旁的電子計算機間的通訊，和「共時系統」之發展息息相關。最早的通訊是利用電話線和電報線，之後，有「資料通訊」專線之設。資料傳送時，有一個基本問題，便是傳送的「信號」(Signal) 不是連貫的，不像以聲音在電話上之通訊，綿綿不斷。可是，資料通訊是以「二位數字母」(Binary alphabet) 爲根本，是以，通訊中常見的「雜音」(Noise)❹，易被查覺；尤其是在電子計算機與電子計算機間的通訊，這個「便利」更爲顯著。

在「資料通訊」中，無論是「電纜」(Cable)，或是利用「人造衛星」(Satellite) 作管理，發送時，資料必先經過「調製」(Modulate)，使它們的「幅度」(Amplitude)，「波長」(Frequency) 等合乎傳送的條件；在接收時，也必得先經「解調」(Demodulate) 之過程。「調製器」(Modulator) 和「解調器」(Demodulator) 通常可合在一起，稱爲「調變器」(Modem)。「資料傳輸」(Data transmission) 通常有二種方式：①「點對點」(Point-to-point)：指兩個「通訊站」(Communication station) 之間的傳輸；②「多點」(Multipoint)：指一個「主控站」(Master station) 與二個以上的分站以「一條」通訊線路的傳輸；分站只與「主站」聯繫，而與其他分站，則無直接的傳輸。

---

❹ 此處指非傳送之信號。

在「點對點」的傳輸中，因電子計算機和傳輸之間處理和傳送資料速度的差異，以及發送和接收速度的差異，乃有不平衡的情況。爲了糾正這個不平衡的情況，國際商業機器公司先有（1954年）「資料收發機」（Data Transceiver）之製；後有（1960年）「同步收發機」（Synchronous Transmitter Receiver-STR）之作。前者是「打孔卡」之間資料的傳輸者，後者是「磁帶」之間資料的傳輸者。二者均是「離線」的設置。

「多點」傳輸是「資訊網」芻型，它導致了「終端」的發展。顯著的例子便是芝加哥第一國家銀行（First National Bank of Chicago）的財務交易系統（1962）。

早期電子計算機的用者都必須自製「軟件」，來管理他的資料傳輸系統。1960年後，有「信息交換器」（Message switching machine）出現，諸如：通用電力公司的「資料網30」（Datanet 30）、IBM 7740等。這些信息交換器能自遙遠的「終端」接獲信息，並將之分析，再分別送至適當的目的地。但它們不能像我們現今所有的信息交換器一般，能作爲電子計算機及「網路」（Network）之間的「界面」（Interface）；也不能將較慢的線路中送進來的信息集中，然後以「一根」快速的線路送出。這些爲通訊而特製的機器，也沒有足夠的記憶容量，直到第三代電子計算機時代（1964-1970），才有了所謂的「分佈式智能」（Distributed intelligence），才有了作這些「處理」（Processing）的能力。

小　結

在第二代電子計算機時代中，我們看到「硬體」突破性的發展；

「晶體管」取代了「眞空管」，使得「硬體」的速度及「可靠性」(Reliability) 大增，而體積及耗電量大減。我們也見到了廠商們對硬體製造認知之轉變及成熟的過程，他們爲了產品的銷路，認淸了機器之間「兼容性」的重要；也爲了用者不同的需要，製造了性質不同的機器。同時，在這個時期中，資訊網的各種先決條件逐一出現，諸如：「並行處理」、「多道處理」、「共時系統」、「線上系統」、「資料通訊系統」等。「操作系統」也於此時逐漸成型。在這個時期中，「高級程式語言」，如 FORTRAN、COBOL、ALGOL 等，也逐漸發展完善；加上「微程式設計」之成熟，使得「程式設計」較前方便容易得多。如果，我們說第一代電子計算機時代 (1950 年到 1959 年) 是「試誤」(Trial-and-error) 的初期，一切「硬體」及「軟件」的設計和概念，都尙在醞釀、萌芽。那麼，第二代電子計算機時代 (1959 年到 1964 年)，便是它們的成長時期，一切均在這個時期內大致定型。之後，雖有第三代 (Third Generation, 1964 年到 1970 年代初期)，以「磁蕊記憶體」(Magnetic core memory) 和「集成電路」(Integrated circuit) 出名；並有第四代 (Fourth Generation, 1970 年代初期到 1980 年代初期)，以「微電子計算機」(Microcomputer) 及「大型集成（電路）晶片」(Large-scale integration chip) 著稱[44]；甚至第五代 (Fifth Generation, 1980 年代初期到目前) 的說法；但自第二代後，在「軟件」製作及「硬體」設計方面，都沒有太多的「創新」及「突破」，多牛只是在改良已有的成品及系統。筆者希望，讀者在讀了第一、二代電子計算機發展的情況後，對「它」的來龍去脈有一個大略的認識。也對如何使

---

[44] Spencer, Donald D. *Introduction to Information Processing*. 3rd. ed. Colunbus: Charles E. Merrill, 1981. p. 146-149.

「圖書資訊處理」(Library information process)「電子計算機化」
有個基礎的概念。

五、圖書資訊學未來之展望

資訊網之意義

當資訊種類愈趨繁複， 資訊數量大爲增加， 而人們對資訊之需求，不但愈專愈精，而且橫跨面也愈來愈廣。在這種情形下，任何一個圖書館在財力、人力、及空間各方面，都無法獨力滿足它的讀者們的全部需求，便不得不另籌良策，另尋出路。「資源共享」(Resource sharing) 便是出路之一。

二次世界大戰後不久，美國圖書館界便已感到人們的求知慾在增高加寬，而圖書館本身的各種資源又不足，這便形成了各種圖書館一個極大的共同壓力。於是窮則變，便有統一採購及研究資料中心❶之設；前者爲減少各成員圖書館採購複本而作；後者爲供應各成員圖書館有價值但罕爲人用的資料而設。二者的構想，都是希望能達到資源共享的目的。 但二者均不見顯著的成效。 這不著成效的原因甚是複雜；有「人」的問題，也有技術的問題。前者必須自教育及認知方面著手，後者則牽涉到圖書資訊之處理，電子科技和通訊設施之配合。

---

❶ 1949 年在芝加哥成立的 「研究圖書館中心」(Center for Research Libraries—CRL) 以及 1950 年間曾實施的 Farmington Plan 都是爲館際合作而設置的。CRL 如今仍存。

人性與資訊網之衝突

　　資源共享是資訊網設置的基本原因。資源共享不單是指「物質」方面的共享，也指「人力」方面的分擔。先就「物質」方面來看：假設張三和李四是好友，他們平日互通有無。可是，他們的家距離相當遠，在急需時，便有遠水難救近火的感覺，反而不如向雖非「好友」的「近鄰」王五借一匙鹽，或半升米，來得方便。所以，「好友」和「近鄰」都是可以「共享物質資源」的伙伴。但是「共享物質」必有一些先決的條件和一定的限制。伙伴間物質共享的「先決條件」有：

(1) 這些共享的伙伴必須是「好友」，或是「近鄰」，換句話說，他們之間必須有某種友善的關係。所以，即使是「近鄰」，如果不「友善」，也不可成為共享之伙伴。

(2) 伙伴之間必須有一個「借」「還」的默契；如果可能，最好是有一個共同的對責任與義務的認知。這認知雖不一定要形諸筆墨，但必得共同遵守。

要了解共享物質的「限制」，我們必先對物質加以分類，可分成：

① 可借，但不可常借；

② 可常借；及

③ 不可借

三類。舉例言之：

(1) 「可借但不可常借的」應有：柴、米、油、鹽、醬、醋、茶，甚至汽車等；

(2) 「可常借的」應有：錢財。（當然通錢財者必是「好友」仍須有借有還。若向王五借，則必須先寫好「借據」。）

（3）「不可借的」應有內衣、褲等貼身衣物。

　　再就「人力分擔」來看，如果我們仍用前述的例子，王五這個「伙伴」較張三、李四在實用上是重要得多；因為，近鄰的「人力分擔」，不但在平時可以「守望相助」，而且在急需時，亦較相距甚遠的「好友」可以來得「及時」。這其中，主要的限制條件便是「距離」，也可以說是「呼」、「應」的「時差」。王五可以和張三協定分擔一切日常工作，譬如：剪草、清掃環境、開車去上班、接送孩子們上下學等；因為他住得近。而張三和李四雖是好友，但因住得遠，便很難做到這類的「人力分擔」。王五和張三因為不是「好友」，在分配人力及工作上，必須有一個詳細而清晰的「協定」，否則，便易生齟齬。這個「協定」便是張三與王五之間能愉快地、融洽地分工合作的保證。呼、應之間的「時差」，是決定是否可以作「人力分擔」合作的準繩；而伙伴之間的協定，則是這種合作是否能夠成功的條件。如果呼、應的時差，可以用「某種方式」縮短，則張三和李四亦應該可以做到某種程度的「人力分擔」。

　　其實，這個呼、應時差的準繩，也可以用到「物質共享」的第一類：可借但不可常借的日常必需品上。換句話說，如果呼、應時差得以縮短，即使是遠處「異地」的張三李四，亦可常作第一類的物質共享。但是，我們必須知道，即使是親如兄弟的張三李四，張三也不可能在他自己必需的情況下，將那必需之物借與李四。這便是「人性」與「共享」的第一個衝突。我們可稱之為「自然優先順序的衝突」。

　　不論好友，或是近鄰，就物質分享方面而論，先決條件的第二條甚不易致；因為，對權利及義務的共同認知極難獲致，非得極長時間的溝通與妥協不辦。一旦有了共同的認知，要共同完全遵守，更是不易；因為，遵守時不免有時需要「人為的」解釋這共同的認知某些部

份，便免不了爭執。這便是爲什麼在一個法令規章俱全的社會中，仍有不少犯法的人，仍有許多違法事件的原故。再者，共享物質的「限制」，有如法律規章，很難規劃詳盡。一旦碰到了遺漏的情況，便會發生不愉快的事故，便會有合作破裂的可能。這便是「人性」與「共享」的第二個衝突，我們可稱之爲「法規先天缺陷的衝突」。

　　資源共享的一個重要的條件便是平等互惠，也就是說，資源共享在所有共享者之間都應是雙向的。儘管張三視李四如手足，也不可能只作單向的出借，俗話說得好：「救急不救貧」。所以，在資源共享之先，必先得規劃好張三、李四及王五等各人的責任、權力及義務。各人日常的需求都可能大致相同，因而，大家都必須常有日常必需的「開門七事」；其他較不常用者，便可平均分擔。平均分擔，說來容易，做起來卻極難；因爲，各人經濟能力不一，個性不同，所處的環境及所受的教育不盡一致，在未來變化的因素及方向也可能各皆相異。要平均分配，不但要顧及「量」的平均，更得顧到「質」的平均，規劃時，常常顧此失彼困難重重；實施起來，前述二種衝突自然浮現，更是不易。尤其是在規劃時各人承諾的項目，日後因實際情況及環境條件有了變化，實施時，便可能發生不能遵守原先承諾的情形。也許每個人都願遵守他自己的承諾，但在變遷了的情況中，爲了自身的利益，有時便不得不「食言自肥」。這便是「人性」與「共享」的第三個衝突，也可稱之爲「規劃與實施的衝突」。

　　這三種衝突當然不能概括一切，但已足可使我們了解「人性」與「共享」之間的矛盾。這一切矛盾都源自人性的「自私」、「妒忌」，「勇於諉過，懦於責己」等等缺點。所以，「人性」與「共享」在基本上可能是「兩極」。如今，爲了實際的需要，我們要使這「兩極」趨以一致，在實際的規範上，如法令、規章等，便必須要精密週

詳；但精密週詳的規章，也不見得便能克服所有「人性的弱點」。是以，現今的管理學家，除了要講求週密詳盡的實際規範，更得研究「精神」上的共識❷，也便是思想上的認同。如果，我們能認清了「共享」的必要性，在精神的共識上，我們已邁開了最重要的第一步；因為，我們已找到了既「利人」也「利己」的一個途徑。儘管張三可能得不到李四相等的回饋，但他可能在王五處得到不少，而王五又能自李四處得到很多，這便是「共享」的好處。「共享」是建立資訊網的主要原因，所以，我們在談如何建立資訊網之前，必須先得了解「人性」與「共享」之間的矛盾，以及資訊網之「既利人也利己」的特性。

建立資訊網之條件

建立資訊網前，除了須先建立「共享精神」，克服「人性」與「共享」之間的基本衝突之外，必得也探討一下實施環境中的一些實際條件。當然，在實際情況中，參加「共享」的伙伴愈多，共享的經濟效益，便應愈高。但是，相對地，共享的複雜性，便愈大，合作的困難，便愈難克服。在這裏，為了討論的方便，且將合作伙伴的數目暫訂為「三」。假設前述的張三是甲館，李四是乙館，王五為丙館。且就①伙伴間各自的需求；②伙伴間各自的經濟能力；③伙伴間的空間距離，及相互聯繫的方便等三個方面，來試著探討一下。

(1) 伙伴間各自的需求：

假設張三是北方人，李四是湖南人，王五是廣東人。張三愛吃麵食，李四喜愛辣椒，王五偏食海鮮。他們三人之間喜愛不同，排斥的

---

❷　成中英〈中國管理模式之哲學及其精神〉，民國七十九年六月七日在中央大學管理學院之演講。

食物亦各異。那麼，在吃食方面便很難合伙共食，除了開門七件事的柴、米、油、鹽、醬、醋、茶之外，能合伙共食的項目便不多了。同樣地，如果甲館的讀者多是人文學者，乙館的讀者多係社會學科的學者，而丙館的讀者多為自然科學與技術學科的學者；他們之間，合作共享資源的必要性便非常地小。因為，他們為了供應各自讀者的需求，可收藏的書刊資訊不同；而各自的工作人員，為了能好好地服務讀者，基本學科知識❸便可能不一樣。如此，合作起來便非常困難。他們之間，既然沒有多少合作的必要，加上他們之間合作的「非常」的困難，多半根本不會想到合作。所以，合作的實際條件之一，便是合作的伙伴間必得有相似，甚或相同的需求。

(2) 伙伴間各自的經濟能力：

在前舉的人與人之間的例子中，張三與李四是好友，他們的友誼，便是他們作資源共享的基礎條件。但是光憑這「友誼」是不夠的，如果，張三大富，而李四赤貧，他們之間便幾乎談不上資源共享。張三為了友誼，可以經常「接濟」李四，而李四在物質上卻無法回饋張三。如果，這種情形可以「長久」維持下去，（當然，多半不可能）這只是「救濟」，談不上「共享」。當然，李四家如果人口眾多，可以用「人力」來回報張三；那麼，他們之間的關係便可能變質「雇主」與「伙計」，而不再是「共享」的「伙伴」了。在圖書館與圖書館之間，後面這種情況是不可能存在的。因為經費短絀的乙館，

---

❸　此處所謂之「基本學科知識」是指大學中所能學到的知識。筆者15年前在臺大圖書館學系客座時，便曾力主圖書資訊的專才教育應是大學後的「研究」所教育；這樣，訓練出來的人才便「學有專長」，較能與學有專長的讀者溝通，也便能提供品質較佳的讀者服務。但是圖書資訊研究所一旦開課招生，大學部的圖書資訊學系，便應立即停止招生。（參見周寧森〈圖書館從業人員之時代使命〉，《新生報・學術專欄》，民國六十三年十一月十八日。）

人員必然也較甲館少，何從以人力回饋甲館？甲乙二館，因爲經濟能力的「不平等」，便很難談到「共享」的合作。是以，經濟能力的平等，或相若，是館際合作的實際條件之二。

　　甲乙丙三館經濟能力如果相若，需要也相似，原則上，他們便可以共享資源。但他們之間，能够合作的層次及共享的項目，是隨著他們的經濟能力的大小而異的。富者之間，共享的多是日常必需品之外的東西，如：遊艇、別墅等休閒活動所需，（休閒活動，在開發中的國家，也逐漸變成了日常的必需。）所以，嗜好相同者，便容易結合在一起。貧者之間，所共享的便可能多是日常必需之物。所以，一般說來，富者與他人共享資源的意願不高，而貧者，爲了生存，便不得不與他人共享資源。現今的社會，有用的資訊浩若煙海，而且增長不已；人們對資訊的需求也日漸增多；所有的圖書館，不論大或小，都已成爲「貧者」，或卽將成爲「貧者」。館際合作勢在必行。但貧者之間的經濟能力亦有差別，需求也不盡相同，便須要選擇「伙伴」，或是選擇共享的項目。所以，在從事共享合作之前，每一個圖書館都必須清楚地知道自己本身的能力及需要，也應概略地，但不誤地，知道自己所選「共享伙伴」的能力及需要。如此，在協議合作的層次及共享的項目和方式上，便能較易地達到一個共識，便能較易地簽訂一個詳盡而眞正的「互利」的合約。

　　(3) 伙伴間的實際距離及相互聯繫的方便：

　　俗話說得好，「遠親不如近鄰」。張三李四的交情再好，在合作共享時，某些方面定然不如王五來得方便。尤其是在急需時，這實際距離的遠近，對合作共享的影響，便更爲凸出。所以在考慮合作的層次與共享的項目時，伙伴間實際的距離是必須考慮的要素。例如甲館與乙館距離甚遠，在合作時，常用的資訊便不如與距離較近的丙館合

作爲佳。 數量大、 價值昂貴的罕用資料, 便可能是考慮的重心。 但是, 這種考量只不過是粗略的、原則性的, 在實際情況中, 所有合作的伙伴, 都最好將自己本身的特長及需求詳細列出, 以供商討合作時的依據。舉一個實際的例子: 美國的「研究圖書館組合」(Research Libraries Group, Inc. —RLG) 是一些供研究人員使用的圖書館以及一些大學圖書館共同組合而成的。 其中, 每一個成員館都以美國「國會圖書館」(The Library of Congress) 的分類法中的大目❹ 爲基本項目, 製表列出各館在該目中藏書的程度。程度粗分五個層次:

①點綴收藏;

②只收基礎用書 (包括參考資料);

③收藏該館讀者課內課外所需 (以課程或科目爲主題收藏);

④收藏至可供對該大目研究人員之研究所需;

⑤收藏該大目中所有已出版的資訊 (包括各種不同載體的資訊)。

這個「表」便是所謂之「綱要」(Conspectus)。

以這個綱要爲討論合作的藍圖, 商定各成員館的重點責任, 如: 甲館原有的中國上古史藏書已至④或⑤層次, 則甲館便可能被要求作爲中國上古史的主要採購者。因爲, 甲館在中國上古史方面的藏書既然已經如此豐富, 作爲該類目主要採購者, 負擔不會太重; 再者, 該館以往收藏如此多的中國上古史, 必有其原因, 多半是因爲該館讀者對中國上古史有大量的需求。儘管如此, 這要求仍然得先徵求甲館之同意。如此類推, 各成員館, 尤其是「大」館, 便都有一些一定的「館藏責任」(Collection responsibility), 而這些館藏責任, 多半都與該

---

❹ 此處據何光國先生對分類之定義爲準。請參閱何著《圖書資訊組織原理》(《圖書資訊學叢書之三》), 臺北: 三民書局, 1990。

館的讀者需求吻合。如此，不論在何館（當然是成員館），在何時，有了某種資訊需求，該館的館員，便應知道去何館徵詢最能滿足這個需求。表面看來，這種作法，「小」館是佔了便宜。但是，真正佔便宜的是小館（甚至大館）的讀者，他們對學術的可能貢獻，不見得便比大館的讀者小，比大館的讀者少。學術是沒有「歧視」的，大館也好，小館也罷，它們的讀者都是一樣，都應有相同權力來獲取他們所需的資訊。這樣，社會文化的應有進步速度，便不會因這先天的因所屬圖書館大小的「不平等」而遲滯。

　　館際合作，並不止於館藏規劃；資源共享，也不僅是圖書資訊的物質上的「互通有無」。人力分擔也是資源共享合作的一種。如果，館藏「綱要」列舉得詳細明白，在分類編目的工作分擔上，便也有了一個自然的規律。主收某大目的成員館，便自然地負起了大部對該大目圖書資訊的分類編目工作。在 RLG 的成員間有一個協定：任何一個成員館做了一個「原始編目」(Original cataloging)，便會得到一個「債權點」(Credit)。債權點可以累積，年終結賬時，這些債權點便可折回現金。債權點累積多的成員，便可少付一些「服務費」(Service charge)。一些全部照抄他人編目的成員館便沒有債權點的積累。換言之，這些圖書館在年終結賬時，便須付較多的服務費。而部份抄襲，且作某種程度修正的成員館，有「部份債權點」(Partial credit) 的累積。這樣，多多少少便平衡了大、小圖書館的權利和義務。

　　一個資訊網的成功與失敗，除了一些人為的因素外，一個最重大的關鍵，便是成員之間相互聯繫的方便，也就是必得有一個完善的通訊網。有了完善的通訊網，館與館之間的距離便縮短了。建立通訊網的必須條件如次：

(1) 成員都必須有具兼容性的電子計算機設備；最好是每個成員的「母」機構都有一個良善的地方性的通訊網。更理想的這個通訊網，是以「個人電子計算機」(Personal computer)做為終端的電子計算機網路。這樣，各成員的讀者，都可以坐在自己的終端前，查詢各成員館所有的「線上」資訊❺，真成了「秀才不出門，能知天下事」了。

(2) 成員之間的通訊網必須是自動化的；不可有人為的干擾（譬如：總機）。這個自動化的通訊網須有相當程度的避免自然干擾（諸如：大風雪、大風暴、地震等）的設備。

(3) 這個通訊網必須是多元多能的；它必須有一對一，一對多數，以及多數對多數的通訊能力。

我們再就 RLG 的資訊網來看，它稱做「研究圖書館資訊網」(Research Libraries Information Network—RLIN)。它的每個成員都有 RLIN 訂製的終端（兼容性便不是問題），經「調變器」，以電話線與 RLIN 總部聯繫。在總部的大型電子計算機中，儲存了各成員館的館藏綱要、資訊採購檔案、編目檔案等資料。換言之，總部有各館在加入 RLIN 後，所有的活動的線上資料❻。所以，任何一個成員館，都可以為它的讀者，在終端機上找到其他任何一個成員館的館藏資訊。讀者所能利用的資訊，便不限於所屬館的館藏。因為 RLIN 是「線上作業」，讀者便不致感到獲取他館資訊有太大的不便。而且，一件資訊只要以任何方式（採購或編目）進入了總部的資

---

❺ 不在「線上」者，當然無法作線上查詢。換句話說，所能在線上查到的，必限於線上資料庫之所有。

❻ 各館在加入 RLIN 前已有的資料，有些仍在卡片目錄中，有些仍在作自動化的準備中。

料庫，讀者便可以立卽查到該項資訊。

　　因爲館藏綱要也在電子計算機的資料庫中。成員館在它自己館藏
政策改變時，很容易更改它的館藏綱要，而其他成員館，便也都可以
隨卽知道他館的館藏綱要更改的情況，因而相應地修改自己的館藏綱
要。

　　從 RLIN 這個例子，我們可以很淸楚地看到一個資訊網成員聯繫
方便的重要性，我們可以說，它是館際合作的實際條件之三。

　　如果，這三個實際條件都已不是問題，一個資訊網的成功率便會
很高。假使它仍不成功，多半便是「人謀不臧」了。

語音識別與圖書資訊

　　根據何光國博士，圖書資訊是人的思想經過整理後，以語言文字
表達出來的「有形」產物❼。 如果我們再往深究， 思想是有組織的
「思維」；直到目前爲止，除了聾啞者外，表達或傳達思想的工具，只
有語言和文字。對表達者而言，這個「思想」便是他底「知識」的一
部分，對接受這個「思想」的人而言，這個思想便是「資訊」。有形
的資訊，在靜態而未被查詢或使用時，便是「資料」。既然語言文字
是目前傳達資訊的主要工具，在研究圖書資訊學時，我們便也得兼及
語言文字學。尤其是當我們重用電子計算機來處理資訊時，我們更得
重視語言文字學的研究；因爲，語言文字學的研究成果，便是「人工
智能」的基礎。

---

❼　參見前註❹。

語音識別

現今的電子計算機科學研發，已使得有形的資訊整理、儲存、檢索、蒐回及傳達較已往便利得多。但是，直到目前爲止，我們爲了處理資訊，仍不得不爲終端、鍵盤等硬體侷困在一定的地點；視力有障礙的人，也很難使用這些現有的設置。如果我們能使電子計算機了解我們的口語，不但視力殘障者可以使用電子計算機來處理資訊，一般人也不必被硬體設備限制得那麼厲害。只要有電話，或行動電話的地方，我們隨時都可作資訊檢索、蒐回。人們可利用的時間、空間，便會大大地增加。研究使電子計算機了解口語的方法，便是「語音識別學」(Speech recognition)。

人的聲音，有如人的指紋，人人相異。即使同一人，在不同的時間，不同情緒，或不同的健康狀態中，聲音也有差別。要使電子計算機懂得一個特定人的說話較容易；所以，在安全設施上常見以聲音控制的機械。但是，要使電子計算機了解「每」一個人的說話，便非常困難。因爲，不同的人，雖然說同一句話，「音波的型態」(Acoustic pattern) 必然不同，轉換成電子計算機能了解的「數字符號」(Digital signal) 時，便可能大相逕庭。更進者，電子計算機的敏感度極高，自然環境中的各種聲音，儘管已超出人的聽覺範圍，但是仍然逃不掉被機器察覺。要剔除這些雜音，也是語音識別學中的一個課題。在西文中，尤其是法文，如果我們像平常說話一般，將很多字連起來說，它們的音質，和它們在各別一字一讀不連貫時的音質，便大不相同。如何使電子計算機，能了解連接的語音，便又是一大課題。因爲我們在爲電子計算機設立語音標準型態時，不得不一字一字，或一音一音，地設立。偷懶的辦法，便是一字一頓地與機器說話。另一個語音連接

時識別的難題（特別是西方語言），便是電子計算機很難分辨一個字起於何處，終於何點。討巧的辦法，也只有一字一頓地向機器說話。西方的語文以字母為主，可能拼湊出來的音節數量極大。在設立「音庫」時，不論以「字」為單位，或是以「音節」為單位，都需佔用電子計算機「記憶」極大的空間，設立時費時極久，且不易知道是否已經「完工」。這是西方語音識別的又一個難題。

　　其實，語音識別中最大的難題，還是在分析語言本身的結構、語意變化等語言學上的問題。語言是「活」的，隨著時代的不同，語言也在不停地變化。所以，研究語言文字是沒有止境的，也好像很難得到一個定型的結論。是不是我們研究的方法，研究的方向有了誤差？筆者日前，曾專程去香港大學心理系拜訪江景良教授❽，向之請益。他說：「大家以往所做的研究，都是以『成果』(Results) 做為研究對象，而忽略了去研究引致這些成果的『過程』(Processes)。」聽他話中之意，去研究「過程」，要比去研究「成果」，重要得多。筆者返臺後，思之再三，覺得江教授的話很有道理。不禁自問，人為何能聽懂他人的話？甚至在他人尚未完全說完一句話前，便能了解了他的意思？是不是他人在說話中說了某些「關鍵字」(Keywords)，因而導致了我們的了解？是不是電子計算機，並不需要完全了解一個整個的句子？是不是我們只需要將關鍵字和它們在句子中的相關地位找出，便可解決大部日常所用的語音識別的問題？這一連串的問題，都是筆者思之再三在心中發出來的問題，也許它們有供讀者參考的價值。

---

❽　江景良教授近日發明了一臺中文語音識別機器，已在美國專利局取得專利權，卽將在加州矽谷開工製造硬體，推上市場。

語音識別學的發展過程（簡介）❾

早在1950年代末期及1960年代初期，人們便開始研究如何使電子計算機能了解人們的聲音。最初的一些研究，都是以「不連貫的語音 (Disconnected speech)，和「特定的說話人」(Speaker dependent)，作為研究的範疇。這種自設限制的原因，可能如次：

(1) 當時硬體的能力不夠；

(2) 為了初步實驗的方便。

到了1971年左右，美國國防部撥發鉅款，在美東、美中及美西三地，各設一所研究中心，去研究發展「語音了解系統」(Speech under-standing system)。設在中部匹茲堡 (Pittsburgh) 的中心，發展了一個研究計畫，叫做「據說（或聽說）」(HEARSAY)，最為著名。該計畫在1980年代初期時，已能處理 2,000 以上的英文字，而且不須「特定說話人」，也不須一字一頓地與電子計算機談話。這種成就已是非常地驚人了；因為，當所需處理的字數增加時，所遭遇的困難並不隨之成比例的增加，而會呈「指數曲線」(Exponential curve) 上升。

中文語音識別系統

中文語音識別的研究，開始在1980年代的中期。目前在臺灣，有清華的王小川教授和臺大的李琳山教授，都在分別從事中文語音處理

---

❾ 參見 Chou, Nelson. "Information Retrieval of Chinese Materials by Voice Command: a Preliminary Exploration." *First Asian-Pacific Library Cooperation Conference Proceeding.* 1984.

的研究❿。各自都有某些成就，但似乎都尚在初期探索階段中。處理中文語音最有成就者，可能便是香港大學心理系的江景良教授。他的系統目前可以處理69,000左右的中文「詞」。

用電子計算機處理中文，先天上在輸入方面便吃了大虧。因為，中國文字是圖形的，就表面看來，一字一單位，50,000多個中文字，重便有50,000多個不同的圖形單位。在輸入電子計算機時，便困難重。自從1960年代中葉以來，一些留美的中國人⓫，開始各自研究中文輸入的問題，但進展甚不理想。1980年，中文資訊交換碼（Chinese Character Code for Information Interchange—CCCII)，在羣策羣力的研究下，問世之後，中文輸入問題，在大體上算是解決了。但在實用時，輸入者仍須在多字中擇一鍵入。所以，在計算機系統的整體運作中，中文的輸入，仍然是一個很嚴重的問題，較諸西文，速度仍是太慢，且須專業人員操作。無怪李琳山教授稱之為「瓶頸」(Bottleneck)，而欲以語音輸入替代之。

如果我們先只考慮標準國語，那麼，中文的語音處理，較諸西文的語音處理，在先天上，至少有兩個較優越之處：

(1) 中國語言（國語）中，實有的音節不多，最多不過 1,300左右。建立「音庫」時，較諸西文容易得多。

(2) 中國語音在連接起來時，各別字的音質變化甚少，不像西方語文上那樣變化得面目全非。是以容易控制；而且中文的「詞」與「詞」之間，在說話時，似乎有天然的頓挫，可以用為標誌。

---

❿　高天助，《倚天雜誌‧中文電腦技術的發展》，Feb. 1990，頁 36-42.

⓫　包括謝淸俊、陶鴻慶、周寧森、Charles Li 等。

　　中文語音處理雖然具備這兩個先天的優點，但在語文文法及語意變化方面，似較西方語文複雜。中文中的基本單位不應是「字」，而是「詞」。詞才相等於西文的「字」(Word)。中國現代語文中，「單字詞」數量極少[12]，多半是「多字詞」。詞的定義[13]目前似乎已不應有太多爭議。如果，我們能將所找到的詞加以分析，建立一個「詞庫」，將每一個詞底「主性」(Primary characteristics) 及「屬性」(Secondary characteristics)，以代碼註明；如果更能將它們各別地與他「類」[14]詞的「共存性」(Co-concurrence) 及「互斥性」(Selective limitations) 註出，這個詞庫本身，便具有了部分「語意」變化控制的功能。再以中文基本「句型」(Syntactic pattern) 及其變化建一「句型庫」，用程式將這些資料庫（音庫、詞庫、句型庫）連接起來，我們便可能有了一個中文語音識別系統[15]。圖 5.1 便是一個簡單的中文語音識別系統的示意圖。

　　前面描述的中文語音識別系統，接上了圖書資訊處理系統，我們便有了一個中文語音控制的資訊系統（見圖 5.2）。

---

[12] 單字詞本身數量不大，但在文字中出現的次數，卻較多字詞爲多。

[13] 參見 Chou, Nelson. "An Algorithmic Study of Modern Chinese Language." *Journal of Library and Informations Science.* v. 15, no. 1. Apr. 1989. pp. 1–21.

[14] 此處指主屬性相似的詞類。

[15] 參見 Chou, Nelson, "Chinese Information Systems and Speech Recognition." *Journal of Library and Information Science.* v. 12, No. 2. Oct. 1986. pp. 160–175.

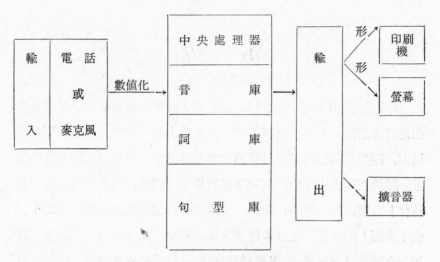

圖 5.1　中文語音識別系統示意圖

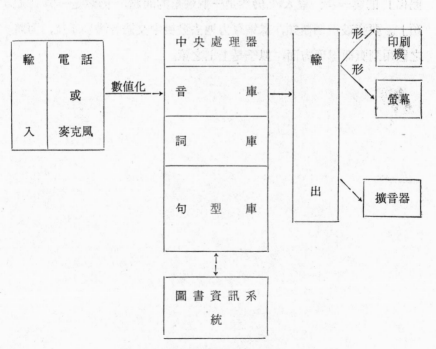

圖 5.2　中文資訊語音處理系統示意圖

小　結

中國的資訊處理，在古時，是和西方能够並駕齊驅的，甚或能走在他們的前面。但是，近百年來，卻遠落人後，尤其是自 1960 年代以來，西方各國採用電子計算機來處理資訊後，這落後的情形更加嚴重。雖然在過去十年中，臺灣圖書館界奮力圖強，在資訊處理的「自動化」方面，趕上不少；但是，這些努力，似乎都是注重「卽時」、或「表面」的成就，在基本研究方面，需要「羣策羣力」的研究，諸如語文與資訊處理等，仍然相當貧乏。卽使是資訊處理「電子計算機化」的第一步：輸入，仍然是一個嚴重的問題，仍然是一個「瓶頸」。要突破這個瓶頸，羣策羣力地去發展中文語音識別系統，而將之應用到資訊處理方面，似乎是上上之策。

中文參考資料

（以著者姓名或主要引入項之四角號碼排列）

0022[6]　高天助，《倚天雜誌》〈中文電腦技術的發展〉，Feb. 1990,
　　　　 pp. 36-42。

1000[0]　《一年來的中央圖書館：七十五年七月至七十六年六月》臺
　　　　 北：中央圖書館，1987。

1010[4]　王振鵠，《圖書館學》〈圖書館與圖書館學〉，中國圖書館
　　　　 學會編，臺北：臺灣學生書局，1974。

　　　　 王振鵠，《圖書館學論叢》，臺北：臺灣學生書局，1984。

1060[1]　《晉書‧鄭默傳》。

1123[2]　張建國，《湖南圖書館：建館八十周年暨新館落成紀念文
　　　　 集》〈我國第一個公共圖書館建立時地辨正〉，長沙：湖南
　　　　 圖書館 1984, pp. 183-188。

　　　　 張錦郎，《中國圖書館事業論集》，臺北：臺灣學生書局，
　　　　 1984。

　　　　 張錦郎，黃淵泉，《中國近六十年來圖書館事業大事記》臺
　　　　 北：臺灣商務印書館，1974。

2121[7]　盧震京，《圖書學大辭典》臺二版；臺北：臺灣商務印書
　　　　 館，1979。

2122[6]　何光國，《圖書資訊組織原理》，臺北：三民書局，1990。

2610[4]　《皇朝道咸同光奏議》，臺北：文海出版社，1969。

3712[1]　《湖南圖書館：建館八十周年暨新館落成紀念文集》，長

沙：湖南圖書館，1984。

4040[7] 李希泌，張椒華，《中國古代藏書與近代圖書館史料：（春秋至五四前後）》，北京：中華書局，1982。

4060[0] 《（欽定）古今圖書集成・凡例》，文星版；臺北：文星書店，1964。

4422[7] 蕭孟能，〈文星版《古今圖書集成》序〉，臺北：文星書店，1964。

4980[2] 趙蘭坪，《現代幣值論》，上海：正中書局，1936。

5000[6] 《中華民國圖書館年鑑》，臺北：中央圖書館，1981。

〈中國國家圖書館〉，北京：1982, 1985。

〈中國國家圖書館的概況及業務工作管理制度〉，北京：1985?

5320[0] 成中英，〈中國管理模式之哲學及其精神〉，中壢：中央大學管理學院之演講，1990, 6. 7.。

6060[1] 昌彼得，《圖書館學》〈中國目錄學源流〉，中國圖書館學會編，臺北：臺灣學生書局，1974。

7210[0] 劉錦藻，《清朝續文獻通考》，上海：商務印書館，1936。

7722[0] 周寧森，《新生報・學術專欄》〈圖書館從業人員之時代使命〉，1974, 11. 18.。

8315[3] 錢存訓著，周寧森譯，《中國古代書史》，香港：香港中文大學出版社，1975。

8822[7] 《第一次中國教育年鑑》，臺北：傳記文學出版社，影印1934年版。

西文參考資料
REFERENCES

American Library Association. *Bulletin of ALA*. 1926.

Committee on Accreditation. *Standards for Accreditation, 1972*. 2nd. printing, April 1981.

Babbage, Charles. "Letter to M. Quetelet." *Bulletins de l' Academie Royal des Sciences et Belles-Lettres de Bruxelles*. 1835. v. 2, no. 5, 124-5.

Bishop, W. Warner. "The status of library schools in universities." *Association of American Universities. Journal of Proceedings*. 1933. 124-137.

Burgess, John W. *The American University. When Shall It Be? Where Shall It Be? An Essay*. Boston: Ginn, 1884.

Butler, Pierce. *An Introduction to Library Science*. Chicago: University of Chicago Press, 1933.

Carnovsky, Leon. "Why graduate study in librarianship?" *Library Quarterly*. v. 7, no. 2, April 1937. 246-261.

Chou, Nelson. "An algorithmic study of modern Chinese language." *Journal of Library and Information Science*. v. 15, no. 1, April 1989. 1-21.

Chou, Nelson. "Chinese information systems and speech recognition." *Journal of Library and Information Science*. v.

12, no. 2, October 1986. 160-175.

Chou, Nelson. "Information, computers, and the Chinese language." *Proceedings of the International Workshop on Chinese Library Automation.* 1981.

Chou, Nelson. "Information, library and library education." *Journal of Library and Information Science.* v. 10, no. 1, April 1984. 33-39.

Chou, Nelson. "Information retrieval Chinese materials by voice command: a preliminary exploration." *First Asian-Pacific Library Cooperation Conference Proceedings.* 1984.

Columbia College Library. School of Library Economy. "Circular of Information." 1886-7; 1887-88.

Cutter, W. Parker. *Suggestions for a School of Bibliology at Columbia University.* Washington, D.C., 1904.

Dewey, Melvil. "Apprenticeship of librarians." *Library Journal.* no. 4, May 1879. 147.

Dewey, Melvil. "Changes in the Library School for the second year." *Library Notes.* v. 1, no. 4, March 1887. 269-270.

Dewey, Melvil. "School of Library Economy." *Library Journal.* no. 8, September-October, 1887. 285.

Flexener, Abraham. *Universities: American, English, German.* New York: Oxford University Press, 1930.

Johnson, Elmer D. *History of Libraries in the Western World.* 2nd. ed., New Jersey, Metuchen: The Scarecrow Press, 1970.

Johnson, and Michael H. Harris. *History of Libraries in the Western World*. 3rd. ed., N. J., Metuchen: The Scarecrow Press, 1976.

Moreau, Rene. *The Computer Comes of Age*. Translated by J. Howlett. Boston: MIT Press, 1984.

Munthe, Wilhelm. *American Librarianship: from a European Angle*. Chicago: ALA, 1939.

New York State Library, Albany. *Handbook of New York State Library School*. 1901.

Randell, Brian, ed. *The Origins of Digital Computers: Selected Papers*. New York: Springer-Verlag, 1973.

Richardson, E. C. "The library school as it should be." *Library Journal*. v. 15, no. 12, December 1890. 94.

Spencer, Donald D. *Introduction to Information Processing*. 3rd. ed. Columbus: Charles E. Merrill, 1981.

Tai, Tse-chien. *Professional Education for Librarianship*. New York: The H. W. Wilson Co., 1925.

Torres y Quevedo, Leonardo. "Essais sur l'automatique. Sa definition. Etendue theorcque de ses applications" *Revue Generale des Sciences*. November 15, 1915. 601-611.

Tsien, T. H. "A history of bibliographic classification in China." *Library Quarterly*. v. 22, no. 4, October 1952. 309-310.

U. S. Bureau of Education. *Public Libraries in the United States of America; Their History, Condition and Management; Special Report. Pt. I*. Washington, D. C.: Government

Printing Office, 1876.

White, Carl Miton. *A Historical Introduction to Library Education*. N. J., Metuchen: The Scarecrow Press, 1976.

Williamson, Charles C. *Training for Library Service*. Boston: D. P. Updike, Merrymount Press, 1923.

Works, George A. "The Graduate Library School of University of Chicago." *Libraries*. v. 34, no. 7, July 1929. 21.

中 文 索 引

（按四角號碼順序，以「字」爲單位排列；不含西文專有名詞之翻譯）

西 文 索 引

三民大專用書 (一)

書　　　　　名	著　作　人	任　　　職
比　較　主　義	張　亞　澐	政　治　大　學
國　父　思　想　新　論	周　世　輔	政　治　大　學
國　父　思　想　要　義	周　世　輔	政　治　大　學
國　父　思　想	周　世　輔	政　治　大　學
國　父　思　想	涂　子　麟	中　山　大　學
中　國　憲　法　論	傅　肅　良	中　興　大　學
中　國　憲　法　新　論	薩　孟　武	前臺灣大學教授
中　華　民　國　憲　法　論	管　　歐	東　吳　大　學
中華民國憲法逐條釋義 (一)(二)(三)(四)	林　紀　東	臺　灣　大　學
比　較　憲　法	鄒　文　海	前政治大學教授
比　較　憲　法	曾　繁　康	臺　灣　大　學
美　國　憲　法　與　憲　政	荊　知　仁	政　治　大　學
比　較　監　察　制　度	陶　百　川	前總統府國策顧問
國　家　賠　償　法	劉　春　堂	輔　仁　大　學
中　國　法　制　史	戴　炎　輝	臺　灣　大　學
法　學　緒　論	鄭　玉　波	臺　灣　大　學
法　學　緒　論	孫　致　中	各　大　專　院　校
民　法　概　要	董　世　芳	實　踐　家　專
民　法　概　要	鄭　玉　波	臺　灣　大　學
民　法　總　則	鄭　玉　波	臺　灣　大　學
民　法　物　權	鄭　玉　波	臺　灣　大　學
民　法　債　編　總　論	鄭　玉　波	臺　灣　大　學
民　法　總　則	何　孝　元	前中興大學教授
民　法　債　編　總　論	何　孝　元	前中興大學教授
判　解　民　法　物　權	劉　春　堂	輔　仁　大　學
判　解　民　法　總　則	劉　春　堂	輔　仁　大　學
判　解　民　法　債　篇　通　則	劉　春　堂	輔　仁　大　學
民　法　親　屬　新　論	陳　棋　炎	臺　灣　大　學
民　法　繼　承	陳　棋　炎	臺　灣　大　學
公　司　法	鄭　玉　波	臺　灣　大　學
公　司　法　論	柯　芳　枝	臺　灣　大　學
公　司　法　論	梁　宇　賢	中　興　大　學
土　地　法　釋　論	焦　祖　涵	東　吳　大　學
土　地　登　記　之　理　論　與　實　務	焦　祖　涵	東　吳　大　學
票　據　法	鄭　玉　波	臺　灣　大　學

三 民 大 專 用 書 (二)

書　　　　名	著作人	任　　　職
海　商　法	鄭　玉　波	臺　灣　大　學
海　商　法　論	梁　宇　賢	中　興　大　學
保　險　法　論	鄭　玉　波	臺　灣　大　學
商　事　法　論	張　國　鍵	臺　灣　大　學
商　事　法　要　論	梁　宇　賢	中　興　大　學
銀　　行　　法	金　桐　林	華銀資訊室主任
合　作　社　法　論	李　錫　勛	政　治　大　學
刑　法　總　論	蔡　墩　銘	臺　灣　大　學
刑　法　各　論	蔡　墩　銘	臺　灣　大　學
刑　法　特　論	林　山　田	政　治　大　學
刑　事　訴　訟　法　論	胡　開　誠	臺　灣　大　學
刑　事　訴　訟　法　論	黃　東　熊	中　興　大　學
刑　事　政　策	張　甘　妹	臺　灣　大　學
民　事　訴　訟　法　釋　義	石志泉 楊建華	輔　仁　大　學
強　制　執　行　法　實　用	汪　褘　成	前臺灣大學教授
監　　獄　　學	林　紀　東	臺　灣　大　學
現　代　國　際　法	丘　宏　達	美國馬利蘭大學
現　代　國　際　法　基　本　文　件	丘　宏　達	美國馬利蘭大學
平　時　國　際　法	蘇　義　雄	中　興　大　學
國　際　私　法	劉　甲　一	臺　灣　大　學
國　際　私　法　論　叢	劉　鐵　錚	政　治　大　學
國　際　私　法　新　論	梅　仲　協	前臺灣大學教授
引　渡　之　理　論　與　實　踐	陳　榮　傑	外　交　部　條　約　司
破　產　法　論	陳　計　男	行　政　法　院　庭　長
破　　產　　法	陳　榮　宗	臺　灣　大　學
中　國　政　治　思　想　史	薩　孟　武	前臺灣大學教授
西　洋　政　治　思　想　史	薩　孟　武	前臺灣大學教授
西　洋　政　治　思　想　史	張　金　鑑	政　治　大　學
中　國　政　治　制　度　史	張　金　鑑	政　治　大　學
政　治　學	曹　伯　森	陸　軍　官　校
政　治　學	鄒　文　海	前政治大學教授
政　治　學	薩　孟　武	前臺灣大學教授
政　治　學	呂　亞　力	臺　灣　大　學
政　治　學　方　法　論	呂　亞　力	臺　灣　大　學
政　治　學　概　論	張　金　鑑	政　治　大　學
政　治　理　論　與　研　究　方　法	易　君　博	政　治　大　學

書　　名	著作人	任　職
公共政策概論	朱志宏	臺灣大學
中國社會政治史	薩孟武	前臺灣大學教授
歐洲各國政府	張金鑑	政治大學
美國政府	張金鑑	政治大學
中美早期外交史	李定一	政治大學
現代西洋外交史	楊逢泰	政治大學
各國人事制度	傅肅良	中興大學
行政學	左潞生	前中興大學教授
行政學	張潤書	政治大學
行政學新論	張金鑑	政治大學
行政法	林紀東	臺灣大學
行政法之基礎理論	城仲模	中興大學
交通行政	劉承漢	成功大學
土地政策	王文甲	前中興大學教授
行政管理學	傅肅良	中興大學
現代管理學	龔平邦	逢甲大學
現代企業管理	龔平邦	逢甲大學
現代生產管理學	劉一忠	美國舊金山州立大學
生產管理	劉漢容	成功大學
品質管理	戴久永	交通大學
企業政策	陳光華	交通大學
國際企業論	李蘭甫	香港中文大學
企業管理	蔣靜一	逢甲大學
企業管理	陳定國	臺灣大學
企業概論	陳定國	臺灣大學
企業組織與管理	盧宗漢	中興大學
企業組織與管理	郭崑謨	中興大學
組織行為管理	龔平邦	逢甲大學
行為科學概論	龔平邦	逢甲大學
組織原理	彭文賢	中興大學
管理新論	謝長宏	交通大學
管理概論	郭崑謨	中興大學
管理心理學	湯淑貞	成功大學
管理數學	謝志雄	東吳大學
管理個案分析	郭崑謨	中興大學
人事管理	傅肅良	中興大學

三民大專用書(四)

書　　　名	著　作　人	任　　　職
考　銓　制　度	傅　肅　良	中　興　大　學
員　工　考　選　學	傅　肅　良	中　興　大　學
作　業　研　究	林　照　雄	輔　仁　大　學
作　業　研　究	楊　超　然	臺　灣　大　學
作　業　研　究	劉　一　忠	美國舊金山州立大學
系　統　分　析	陳　　　進	美國聖瑪麗大學
社　會　科　學　概　論	薩　孟　武	前臺灣大學教授
社　　會　　學	龍　冠　海	前臺灣大學教授
社　　會　　學	蔡　文　輝	美國印第安那大學
社　　會　　學	張華葆主編	東　海　大　學
社　會　學　理　論	蔡　文　輝	美國印第安那大學
社　會　學　理　論	陳　秉　璋	政　治　大　學
西　洋　社　會　思　想　史	龍　冠　海 張　承　漢	前臺灣大學教授 臺　灣　大　學
中　國　社　會　思　想　史	張　承　漢	臺　灣　大　學
都市社會學理論與應用	龍　冠　海	前臺灣大學教授
社　　會　　變　　遷	蔡　文　輝	美國印第安那大學
社　會　福　利　行　政	白　秀　雄	政　治　大　學
勞　工　問　題	陳　國　鈞	中　興　大　學
社會政策與社會行政	陳　國　鈞	中　興　大　學
社　　會　　工　　作	白　秀　雄	政　治　大　學
團　　體　　工　　作	林　萬　億	臺　灣　大　學
文　化　人　類　學	陳　國　鈞	中　興　大　學
政　治　社　會　學	陳　秉　璋	政　治　大　學
醫　療　社　會　學	藍采風 廖榮利	印第安那中央大學 臺　灣　大　學
人　口　遷　移	廖　正　宏	臺　灣　大　學
社　區　原　理	蔡　宏　進	臺　灣　大　學
人　口　教　育	孫　得　雄	東　海　大　學
社　會　階　層	張　華　葆	東　海　大　學
社會階層化與社會流動	許　嘉　猷	臺　灣　大　學
普　通　教　學　法	方　炳　林	前師範大學教授
各　國　教　育　制　度	雷　國　鼎	師　範　大　學
教　育　行　政　學	林　文　達	政　治　大　學
教　育　行　政　原　理	黃昆輝主譯	師　範　大　學
教　育　社　會　學	陳　奎　憙	師　範　大　學
教　育　心　理　學	胡　秉　正	政　治　大　學

書　　　名	著作人	任　　職
教 育 心 理 學	溫 世 頌	美國傑克遜州立大學
教 育 哲 學	賈 馥 茗	師 範 大 學
教 育 哲 學	葉 學 志	國 立 臺 灣 教 育 學 院
教 育 經 濟 學	蓋 浙 生	師 範 大 學
教 育 經 濟 學	林 文 達	政 治 大 學
教 育 財 政 學	林 文 達	政 治 大 學
工 業 教 育 學	袁 立 錕	國 立 臺 灣 教 育 學 院
家 庭 教 育	張 振 宇	淡 江 大 學
當 代 教 育 思 潮	徐 南 號	師 範 大 學
比 較 國 民 教 育	雷 國 鼎	師 範 大 學
中 國 教 育 史	胡 美 琦	中 國 文 化 大 學
中 國 國 民 教 育 發 展 史	司 琦	政 治 大 學
中 國 現 代 教 育 史	鄭 世 興	師 範 大 學
社 會 教 育 新 論	李 建 興	師 範 大 學
教 育 與 人 生	李 建 興	師 範 大 學
中 等 教 育	司 琦	政 治 大 學
中 國 體 育 發 展 史	吳 文 忠	師 範 大 學
中 國 大 學 教 育 發 展 史	伍 振 鷟	師 範 大 學
中 國 職 業 教 育 發 展 史	周 談 輝	師 範 大 學
中 國 社 會 教 育 發 展 史	李 建 興	師 範 大 學
技 術 職 業 教 育 行 政 與 視 導	張 天 津	師 範 大 學
技 職 教 育 測 量 與 評 鑑	李 大 偉	師 範 大 學
技 術 職 業 教 育 教 學 法	陳 昭 雄	師 範 大 學
技 術 職 業 教 育 辭 典	楊 朝 祥	師 範 大 學
高 科 技 與 技 職 教 育	楊 啟 棟	師 範 大 學
工 業 職 業 技 術 教 育	陳 昭 雄	師 範 大 學
職 業 教 育 師 資 培 育	周 談 輝	師 範 大 學
技 術 職 業 教 育 理 論 與 實 務	楊 朝 祥	師 範 大 學
心 理 學	張 春 興 楊 國 樞	師 範 大 學 臺 灣 大 學
心 理 學	劉 安 彥	美國傑克遜州立大學
人 事 心 理 學	黃 天 中	美國奧克拉荷市大學
人 事 心 理 學	傅 肅 良	中 興 大 學
社 會 心 理 學	趙 淑 賢	
社 會 心 理 學	張 華 葆	東 海 大 學
社 會 心 理 學	劉 安 彥	美國傑克遜州立大學

書　　　　　名	著 作 人	任　　職
社 會 心 理 學 理 論	張 華 葆	東 海 大 學
新 聞 英 文 寫 作	朱 耀 龍	中 國 文 化 大 學
傳 播 原 理	方 蘭 生	中 國 文 化 大 學
傳 播 研 究 方 法 總 論	楊 孝 濚	東 吳 大 學
大 眾 傳 播 理 論	李 金 銓	美 國 明 尼 蘇 達 大 學
大 眾 傳 播 新 論	李 茂 政	政 治 大 學
大 眾 傳 播 與 社 會 變 遷	陳 世 敏	政 治 大 學
行 為 科 學 與 管 理	徐 木 蘭	交 通 大 學
國 際 傳 播	李 瞻	政 治 大 學
國 際 傳 播 與 科 技	彭 芸	政 治 大 學
組 織 傳 播	鄭 瑞 城	政 治 大 學
政 治 傳 播 學	祝 基 瀅	美 國 加 利 福 尼 亞 州 立 大 學
文 化 與 傳 播	汪 琪	政 治 大 學
廣 播 與 電 視	何 貽 謀	政 治 大 學
廣 播 原 理 與 製 作	于 洪 海	輔 仁 大 學
電 影 原 理 與 製 作	梅 長 齡	前 中 國 文 化 大 學 教 授
新 聞 學 與 大 眾 傳 播 學	鄭 貞 銘	中 國 文 化 大 學
新 聞 採 訪 與 編 輯	鄭 貞 銘	中 國 文 化 大 學
新 聞 編 輯 學	徐 昶	臺 灣 新 生 報
採 訪 寫 作	歐 陽 醇	師 範 大 學
評 論 寫 作	程 之 行	紐 約 日 報 總 編 輯
小 型 報 刊 實 務	彭 家 發	政 治 大 學
廣 告 學	顏 伯 勤	輔 仁 大 學
中 國 新 聞 傳 播 史	賴 光 臨	政 治 大 學
中 國 新 聞 史	曾 虛 白 主 編	總 統 府 國 策 顧 問
世 界 新 聞 史	李 瞻	政 治 大 學
新 聞 學	李 瞻	政 治 大 學
媒 介 實 務	趙 俊 邁	中 國 文 化 大 學
電 視 與 觀 眾	曠 湘 霞	新 聞 局 廣 電 處 處 長
電 視 新 聞	張 勤	中 視 新 聞 部
電 視 制 度	李 瞻	政 治 大 學
新 聞 道 德	李 瞻	政 治 大 學
數 理 經 濟 分 析	林 大 侯	臺 灣 大 學
計 量 經 濟 學 導 論	林 華 德	臺 灣 大 學
經 濟 學	陸 民 仁	政 治 大 學
經 濟 學 原 理	歐 陽 勛	政 治 大 學

三民大專用書 (七)

書　　　　名	著　作　人	任　　　職
經　濟　學　導　論	徐　育　珠	美國南康涅狄克州立大學
通　俗　經　濟　講　話	邢　慕　寰	前香港中文大學教授
經　濟　政　策	湯　俊　湘	中　　興　　大　　學
比　較　經　濟　制　度	孫　殿　柏	政　　治　　大　　學
總　體　經　濟　學	鍾　甦　生	西雅圖銀行臺北分行協理
總　體　經　濟　理　論	孫　　震	臺　　灣　　大　　學
總　體　經　濟　分　析	趙　鳳　培	政　　治　　大　　學
個　體　經　濟　學	劉　盛　男	臺　　北　　商　　專
合　作　經　濟　概　論	尹　樹　生	中　　興　　大　　學
農　業　經　濟　學	尹　樹　生	中　　興　　大　　學
西　洋　經　濟　思　想　史	林　鐘　雄	臺　　灣　　大　　學
歐　洲　經　濟　發　展　史	林　鐘　雄	臺　　灣　　大　　學
凱　因　斯　經　濟　學	趙　鳳　培	政　　治　　大　　學
工　　程　　經　　濟	陳　寬　仁	中　正　理　工　學　院
國　際　經　濟　學	白　俊　男	東　　吳　　大　　學
國　際　經　濟　學	黃　智　輝	東　　吳　　大　　學
貨　幣　銀　行　學	白　俊　男	東　　吳　　大　　學
貨　幣　銀　行　學	何　偉　成	中　正　理　工　學　院
貨　幣　銀　行　學	楊　樹　森	中　國　文　化　大　學
貨　幣　銀　行　學	李　穎　吾	臺　　灣　　大　　學
貨　幣　銀　行　學	趙　鳳　培	政　　治　　大　　學
現　代　貨　幣　銀　行　學	柳　復　起	澳洲新南威爾斯大學
商　業　銀　行　實　務	解　宏　賓	中　　興　　大　　學
現　代　國　際　金　融	柳　復　起	澳洲新南威爾斯大學
國　際　金　融　理　論　與　制　度	歐陽勛 黃仁德	政　　治　　大　　學
財　　政　　學	李　厚　高	前臺灣省財政廳廳長
財　　政　　學	林　華　德	臺　　灣　　大　　學
財　政　學　原　理	魏　　萼	臺　　灣　　大　　學
貿　易　慣　例	張　錦　源	交　　通　　大　　學
國　際　貿　易	李　穎　吾	臺　　灣　　大　　學
國　際　貿　易　實　務　詳　論	張　錦　源	交　　通　　大　　學
國　際　貿　易　法　概　要	于　政　長	東　　吳　　大　　學
國　際　貿　易　理　論　與　政　策	歐陽勛 黃仁德	政　　治　　大　　學
國　際　貿　易　政　策　概　論	余　德　培	東　　吳　　大　　學
貿　易　契　約　理　論　與　實　務	張　錦　源	交　　通　　大　　學

書　　　　名	著　作　人	任　　　　職
貿 易 英 文 實 務	張　錦　源	交　通　大　學
海　關　實　務	張　俊　雄	淡　江　大　學
貿 易 貨 物 保 險	周　詠　棠	中　央　信　託　局
國　際　匯　兌	林　邦　充	輔　仁　大　學
信 用 狀 理 論 與 實 務	蕭　啟　賢	輔　仁　大　學
美 國 之 外 匯 市 場	于　政　長	東　吳　大　學
外 匯 、 貿 易 辭 典	于　政　長	東　吳　大　學
國 際 商 品 買 賣 契 約 法	鄧　越　今	前 外 貿 協 會 處 長
保　險　學	湯　俊　湘	中　興　大　學
人　壽　保　險　學	宋　明　哲	德　明　商　專
人 壽 保 險 的 理 論 與 實 務	陳　雲　中	臺　灣　大　學
火 災 保 險 及 海 上 保 險	吳　榮　清	中 國 文 化 大 學
商　用　英　文	程　振　粵	臺　灣　大　學
商　用　英　文	張　錦　源	交　通　大　學
國 際 行 銷 管 理	許　士　軍	新　加　坡　大　學
國　際　行　銷	郭　崑　謨	中　興　大　學
市　場　學	王　德　馨	中　興　大　學
線　性　代　數	謝　志　雄	東　吳　大　學
商　用　數　學	薛　昭　雄	政　治　大　學
商　用　數　學	楊　維　哲	臺　灣　大　學
商 用 微 積 分	何　典　恭	淡　水　工　商
微　積　分	楊　維　哲	臺　灣　大　學
微　積　分　（上）	楊　維　哲	臺　灣　大　學
微　積　分　（下）	楊　維　哲	臺　灣　大　學
大 二 微 積 分	楊　維　哲	臺　灣　大　學
機　率　導　論	戴　久　永	交　通　大　學
銀　行　會　計	李　兆　萱　金　桐　林	臺　灣　大　學
會　計　學	幸　世　間	臺　灣　大　學
會　計　學	謝　尚　經	專　業　會　計　師
會　計　學	蔣　友　文	臺　灣　大　學
成　本　會　計	洪　國　賜	淡　水　工　商
成　本　會　計	盛　禮　約	政　治　大　學
政　府　會　計	李　增　榮	政　治　大　學
政　府　會　計	張　鴻　春	臺　灣　大　學
初 級 會 計 學	洪　國　賜	淡　水　工　商

書　　　　名	著作人	任職
初級會計學(下)	洪國賜	淡水工商
中級會計學	洪國賜	淡水工商
中等會計	薛光圻 張鴻春	美國西東大學 臺灣大學
中等會計(下)	張鴻春	臺灣大學
商業銀行實務	解宏賓	中興大學
財務報表分析	李祖培	中興大學
財務報表分析	洪國賜 盧聯生	淡水工商 中興大學
審計學	殷文俊 金世朋	政治大學
投資學	龔平邦	逢甲大學
財務管理	張春雄	政治大學
財務管理	黃柱權	政治大學
公司理財	黃柱權	政治大學
公司理財	劉佐人	前中興大學教授
統計學	柴松林	政治大學
統計學	劉南溟	前臺灣大學教授
統計學	楊維哲	臺灣大學
統計學	張浩鈞	臺灣大學
推理統計學	張碧波	銘傳商專
商用統計學	顏月珠	臺灣大學
商用統計學	劉一忠	美國舊金山州立大學
應用數理統計學	顏月珠	臺灣大學
中國通史	林瑞翰	臺灣大學
中國現代史	李守孔	臺灣大學
中國近代史	李守孔	臺灣大學
中國近代史	李雲漢	政治大學
黃河文明之光	姚大中	東吳大學
古代北西中國	姚大中	東吳大學
南方的奮起	姚大中	東吳大學
中國世界的全盛	姚大中	東吳大學
近代中國的成立	姚大中	東吳大學
近代中日關係史	林明德	師範大學
西洋現代史	李邁先	臺灣大學
英國史綱	許介鱗	臺灣大學
印度史	吳俊才	政治大學

三民大專用書 (十)

書　　　　名	著作人	任　　　職
日　　本　　史	林　明　德	師　範　大　學
美　洲　地　理	林　鈞　祥	師　範　大　學
非　洲　地　理	劉　鴻　喜	師　範　大　學
自　然　地　理　學	劉　鴻　喜	師　範　大　學
聚　落　地　理　學	胡　振　洲	中　國　海　專
海　事　地　理　學	胡　振　洲	中　國　海　專
經　濟　地　理	陳　伯　中	臺　灣　大　學
都　市　地　理　學	陳　伯　中	臺　灣　大　學
修　　辭　　學	黃　慶　萱	師　範　大　學
中　國　文　學　概　論	尹　雪　曼	中　國　文　化　大　學
新　編　中　國　哲　學　史	勞　思　光	香　港　中　文　大　學
中　國　哲　學　史	周　世　輔	政　治　大　學
中　國　哲　學　發　展　史	吳　　怡	美國舊金山亞洲研究所
西　洋　哲　學　史	傅　偉　勳	美國費城州立天普大學
西　洋　哲　學　史　話	鄔　昆　如	臺　灣　大　學
邏　　　輯	林　正　弘	臺　灣　大　學
邏　　　輯	林　玉　體	師　範　大　學
符　號　邏　輯　導　論	何　秀　煌	香　港　中　文　大　學
人　生　哲　學	黎　建　球	輔　仁　大　學
思　想　方　法　導　論	何　秀　煌	香　港　中　文　大　學
如　何　寫　學　術　論　文	宋　楚　瑜	臺　灣　大　學
論　文　寫　作　研　究	段家鋒孫正豐張世賢 等人	**各　　内　　學**
語　言　學　概　論	謝　國　平	師　範　大　學
奇　妙　的　聲　音	鄭　秀　玲	師　範　大　學
美　　　學	田　曼　詩	中　國　文　化　大　學
植　物　生　理　學	陳　昇　明　譯	中　興　大　學
建　築　結　構　與　造　型	鄭　茂　川	中　興　大　學